روحِ سخن

(غزلیں)

احمد علی برقی اعظمی

© Ahmad Ali Barqi Azmi

Rooh-e-Sukhan *(Ghazals)*
by: Ahmad Ali Barqi Azmi
Edition: May '2024
Publisher :
Taemeer Publications LLC (Michigan, USA / Hyderabad, India)

ISBN 978-93-5872-462-2

9 789358 724622

مصنف یاناشر کی پیشگی اجازت کے بغیر اس کتاب کا کوئی بھی حصہ کسی بھی شکل میں بشمول ویب سائٹ پر اَپ لوڈنگ کے لیے استعمال نہ کیا جائے۔ نیز اس کتاب پر کسی بھی قسم کے تنازع کو نمٹانے کا اختیار صرف حیدرآباد (تلنگانہ) کی عدلیہ کو ہو گا۔

© ڈاکٹر احمد علی برقی اعظمی

کتاب	:	**روحِ سخن** (غزلیں)
مصنف	:	**احمد علی برقی اعظمی**
پروف ریڈنگ / تدوین	:	اعجاز عبید
صنف	:	شاعری
ناشر	:	تعمیر پبلی کیشنز (حیدرآباد، انڈیا)
سالِ اشاعت	:	سنہ ۲۰۲۴ء
صفحات	:	۲۳۶
سرورق ڈیزائن	:	تعمیر ویب ڈیزائن

احوالِ واقعی

میں (احمد علی برقیؔ اعظمی) ۲۵؍ دسمبر ۱۹۵۴ء کو شہر اعظم گڑھ (یو۔پی) کے محلہ باز بہادر میں پیدا ہوا۔ میں درجہ پنجم تک مدرسہ اسلامیہ باغ میر پیٹو، محلہ آصف گنج، شہر اعظم گڑھ کا طالبعلم رہا، بعد ازآں شبلی ہائر سیکینڈری اسکول سے دسویں کلاس کا امتحان پاس کرنے کے بعد انٹر میڈیٹ کلاس سے لے کر ایم۔اے اُردو تک شبلی نیشنل کالج، اعظم گڑھ کا طالب علم رہا۔ میں نے ۱۹۶۹ء میں ہائی اسکول، ۱۹۷۱ء میں انٹر میڈیٹ، ۱۹۷۳ء میں بی۔اے اور ۱۹۷۵ء میں ایم۔اے اُردو کی سند حاصل کی اور شبلی کالج سے ہی ۱۹۷۶ء میں بی۔ایڈ کیا۔

بعد ازآں مزید اعلیٰ تعلیم کے حصول کے لئے ۱۹۷۷ء میں دہلی آکر جواہر لعل نہرو یونیورسٹی، نئی دہلی میں ایم۔اے فارسی میں داخلہ لیا اور یہاں سے ۱۹۷۹ء میں ایم۔اے فارسی کی سند حاصل کی اور بعد ازآں جواہر لعل نہرو یونیورسٹی ہی سے پی۔ایچ۔ڈی کی ڈگری حاصل کی۔

میرے والد کا نام رحمت الٰہی اور تخلص برقؔ اعظمی تھا جو نائب رجسٹرار قانون گو کے عہدے پر فائز تھے۔ میرے والد ایک صاحب طرز اور قادر الکلام استاد سخن تھے جنہیں جانشینِ داغؔ حضرت نوحؔ ناروی سے شرفِ تلمذ حاصل تھا۔ میرے بچپن کا بیشتر حصہ والد محترم کے سایۂ عاطفت میں گزرا۔ مجھے کہیں آنے جانے کی اجازت نہیں تھی۔

بیشتر وقت والد صاحب کے فیضِ صحبت میں گزرتا تھا جس سے میں نے بہت کچھ حاصل کیا اور آج میں جو کچھ ہوں انہیں کا علمی، قلمی اور روحانی تصرف ہے۔ میرا اصلی نام احمد علی اور تخلص والد کے تخلص برقؔ کی مناسبت سے برقیؔ اعظمی ہے۔ والد صاحب کے فیضِ صحبت کی وجہ سے شعری اور ادبی ذوق کی نشو و نما بچپن میں ہو گئی تھی جو بفضلِ خدا اب تک جاری و ساری ہے۔ والد صاحب کے ساتھ مقامی طرحی نشستوں میں باقاعدگی سے شریک ہوتا رہتا تھا۔ اس وجہ سے تقریباً ۱۵/سال کی عمر سے طبع آزمائی کرنے لگا۔ ادبی ذوق کا نقطۂ آغاز والدِ محترم کا فیضِ صحبت رہا اور میں نے جو کچھ بھی حاصل کیا انھیں کا فیضانِ نظر اور روحانی تصرف ہے۔ اصنافِ ادب میں غزل میری محبوب ترین صنفِ سخن ہے۔ غزل سے قطع نظر مجھے موضوعاتی نظمیں لکھنے کا ۲۰۰۳ء سے ۲۰۰۹ء تک کافی شوق رہا اور میں نے اس عرصہ میں ماحولیات، سائنس، اور مختلف عالمی دنوں کی مناسبت سے بہت کچھ لکھا جو ۶/سال تک مسلسل ہر ماہ ایک مقامی میگزین ماہنامہ "سائنس" میں شائع ہوتا رہا اور اتنی نظمیں لکھ ڈالیں کی ایک مستقل شعری مجموعہ ہو سکتا ہے۔ اس کے علاوہ مجھے "یادِ رفتگاں" سے خاصی دلچسپی ہے چنانچہ میں بیشتر شعرا، ادیبوں اور فنکاروں کے یومِ وفات اور یوم تولد کی مناسبت سے اکثر و بیشتر لکھتا رہتا ہوں۔ اس سلسلے میں نے حضرت امیر خسروؔ، ولی دکنیؔ، میرؔ، غالبؔ، حالیؔ، شبلیؔ، سر سیّد، احمد فرازؔ، فیضؔ، پروین شاکرؔ، ناصر کاظمیؔ، مظفرؔ وارثی، شہریارؔ، بابائے اُردو مولوی عبد الحق، ابن انشا، جگرؔ، شکیلؔ بدایونی، مجروحؔ سلطانپوری، مہدی حسن، صادقین، مقبول فدا حسین وغیرہ پر بہت سی موضوعاتی نظمیں لکھی ہیں جن کا بھی ایک مجموعہ مرتب ہو سکتا ہے۔ میں عملی طور سے میڈیا سے وابستہ ہوں اور ۱۹۸۳ء سے آل انڈیا ریڈیو کے شعبۂ فارسی سے وابستہ ہوں اور فی الحال انچارج شعبۂ فارسی ہوں۔

فیضؔ، ساحرؔ، مجروحؔ، جگر، حسرتؔ، فانیؔ، پروین شاکر، اور ناصر کاظمیؔ وغیرہ میرے پسندیدہ شعرا ہیں۔ ادیبوں میں سر سید احمد خاں اور شبلی نعمانی سے بیحد لگاؤ ہے۔ میں اُردو ویب سائٹس اور فیس بک پر بہت فعال ہوں اور فیس بک پر میری ۴۰۰۰ سے زائد غزلیں اور نظمیں البم کی شکل میں موجود ہیں۔

موجودہ دور میں ادب اپنی منزل کی طرف رواں دواں ہے اور اس کی توسیع اور ترویج کے امکانات روشن ہیں۔ معاصرانہ چشمک اور گروہ بندی فروغ زبان وادب کی راہ میں سدِّراہ ہیں۔ سود وزیاں سے بے نیاز ہو کر اگر ادبی تخلیق کی جائے اور اس میں خلوص بھی کار فرما ہو تو فروغِ ادب کے امکانات مزید روشن ہو سکتے ہیں۔ میں اپنی خوئے بے نیازی کی وجہ سے گوشہ نشین رہ کر اپنے ادبی اور شعری ذوق کی تسکین کے لئے انٹرنیٹ اور دیگر وسائلِ ترسیل وابلاغ کے وسیلے سے سرگرمِ عمل ہوں۔ میں اُردو کی بیشتر ویب سائٹس اور اور فیس بُک کے بیشمار فورمز سے وابستہ ہوں۔ مجھے خوشامد پسندی اور زمانہ سازی نہیں آتی اس لئے مقامی سطح پر غیر معروف ہوں۔

ہوتا زمانہ ساز تو سب جانتے مجھے
کیا خوئے بے نیازی ہے دیوانہ پن مرا

ویب سائٹوں پہ لوگ ہیں خوش فہمی کے شکار
نا آشنائے حال ہیں ہمسائے بھی مرے

عرضِ حال

ہوتے ہیں اُن کے نام پہ برپا مشاعرے

معیارِ شعر اُن کی بلا سے گرے گرے
جن کا رسوخ ہے انہیں پہچانتے ہیں سب
ہم دیکھتے ہی رہ گئے باہر کھڑے کھڑے
جو ہیں زمانہ ساز وہ ہیں آج کامیاب
اہلِ کمال گوشۂ عزلت میں ہیں پڑے
زندہ تھے جب تو ان کو کوئی پوچھتا نہ تھا
ہر دور میں ملیں گے بہت ایسے سرپھرے
برقیؔ ستم ظریفیِ حالات دیکھئے
اب ان کے نام پر ہیں ادارے بڑے بڑے

جیسا کہ میں نے پہلے عرض کیا، غزل میری محبوب صنف سخن ہے۔ میرے اسلوبِ سخن پر غیر شعوری طور سے غزلِ مسلسل کا رنگ حاوی ہے۔ گویا میری بیشتر غزلوں میں جیسا کہ بعض احباب نے اس کی طرف اشارہ کیا، غزل کے قالب میں نظم یا مثنوی کا گمان ہوتا ہے جو بعض احباب کی نظر میں محبوب اور بعض لوگوں کے خیال میں معیوب ہے۔ میرا شعورِ فکر و فن میرے ضمیر کی آواز ہے۔ میری غزلیں داخلی تجربات و مشاہدات کا وسیلۂ اظہار ہونے کے ساتھ ساتھ بقول جناب ملک زادہ منظور احمد صاحب "حدیثِ حسن بھی ہیں اور حکایتِ روزگار بھی"۔ میں جس ماحول کا پروردہ ہوں میری شاعری اس کے نشیب و فراز اور ناہمواریوں اور اخلاقی اقدار کے زوال کی عکاس ہے۔ میں جو کچھ اپنے اِرد گرد دیکھتا یا محسوس کرتا ہوں اسے موضوعِ سخن بنانا اپنا اخلاقی اور سماجی فریضہ سمجھتا ہوں جس کے نتیجے میں میری بیشتر شعری تخلیقات اجتماعی شعور کی بازگشت کی آئینہ دار ہیں۔ میں کلاسیکی روایات کا پاسدار ہونے کے ساتھ ساتھ جدید

عصری میلانات و رجحانات کو بھی موضوعِ سخن بنانے سے گریز نہیں کرتا۔ حالاتِ حاضرہ کے تناظر میں بیدار مغز سخنور اور قلمکار جس ذہنی کرب کا احساس کرتے ہیں ان کی تخلیقات میں شعوری یا غیر شعوری طور سے اس کا اظہار ایک فطری اور ناگزیر امر ہے۔ چنانچہ...

ہیں مرے اشعار عصری کرب کے آئینہ دار
قلبِ مضطر ہے مرا سوزِ دروں سے بیقرار
آپ پر ہوں گے اثر انداز جو بے اختیار
میری غزلوں میں ملیں گے شعر ایسے بیشمار
صفحۂ قرطاس پر کرتا ہوں اس کو منتقل
داستانِ زندگی ہے میری برقیؔ دلفگار

اُردو زبان و ادب کی ترویج و اشاعت ہمارا قومی، ملی اور اخلاقی فریضہ ہے۔ اس ضمن میں مقامی اور علاقائی سطح پر ہمارے شاعروں، ادیبوں اور اربابِ فکر و نظر کی علمی و ادبی خدمات کی افادیت اپنی جگہ مسلم ہے۔ لیکن اُردو زبان و ادب کے بین الاقوامی سطح پر فروغ میں معیاری اُردو ویب سائٹوں کے کارہائے نمایاں حلقۂ اربابِ فکر و نظر میں جنھیں انٹرنیٹ کی سہولت دستیاب ہے، اظہر من الشمس ہیں۔

خاکسار کو سب سے پہلے انٹرنیٹ کی دُنیا میں متعارف کرانے میں جناب ستپال بھاٹیا کی ہندی ویب سائٹ آج کی غزل ڈاٹ بلاگ اسپاٹ ڈاٹ کام نقشِ اوّل کا درجہ رکھتی ہے۔ اسی سائٹ کی فہرست میں مجھے محترم سرور عالم راز سرورؔ صاحب اور اُن کا نامِ نامی، ان کا معیاری کلام اور اُن کی سائٹ کا لنک نظر آیا اور اس طرح میں اُن کی شہرۂ آفاق ویب سائٹ "اُردو انجمن ڈاٹ کام" سے باقاعدہ روشناس ہوا اور مجھے یہ کہنے میں ذرا بھی

تامل نہیں ہے کہ میری انٹرنیٹ کی دُنیا میں باقاعدہ طور پر رسائی اور اربابِ فکر و نظر سے شناسائی کا نقطۂ آغاز "اُردو انجمن ڈاٹ کام" ہے۔ سرور عالم راز سرورؔ صاحب کا تبحرِ زبان و بیان اُن کی اصلاحِ سخن سے ظاہر ہے جس کا کوئی جواب نہیں ہے اور جو میرے لئے مشعلِ راہ ہے اور رہے گی۔

اُردو انجمن کے بعد مجھ سے ناظمِ "اُردو جہاں" محترمہ سارا جبین صاحبہ نے رجوع کیا اور یہ میرا دوسرا امیدانِ عمل تھا، ہے اور انشاء اللہ ہمیشہ رہے گا۔ میری غزلوں کا صوری و معنوی حُسن و جمال اُن کی مخلصانہ، دلکش اور سحر انگیز تزئین اور نقاشی کا مرہونِ منت ہے۔ اُن کے اِس بارِ احساں سے میں کبھی سبکدوش نہیں ہو سکتا۔

میرا تیسرا پڑاؤ "اُردو بندھن ڈاٹ کام" رہا جہاں میں محترم سالم احمد باشوار صاحب کی شفقت سے بہرہ مند ہوا، جنھوں نے میری حوصلہ افزائی کے لئے از راہِ لطف میری با ضابطہ ویب سائٹ بنا دی اور مستقل طور سے بے لوث دستبرد زمانہ سے اُس کی نگہداشت فرما رہے ہیں۔ خدائے بزرگ و برتر اُنھیں اس کا اجرِ عظیم عطا فرمائے۔

"اُردو دُنیا ڈاٹ نیٹ" میں میں محترم مظفر احمد مظفرؔ صاحب سے بہت متاثر ہوں جنھوں نے میری غیر معمولی تشویق اور حوصلہ افزائی فرمائی اور ہمیشہ حوصلہ افزا منثور اور منظوم اظہارِ خیال سے نوازتے رہے۔ "دستک" کے بارہویں شمارے میں خاکسار کے فکر و فن پر اُن کا مبسوط تبصرہ اُن کی شفقت و محبت کا آئینہ دار ہے۔

میں محترمہ سنیتا وگ کی "شامِ سخن ڈاٹ کام"، جناب مہتاب قدر کی "اُردو گلبن ڈاٹ کام"، آبجو ڈاٹ کام، اور کبھی کبھی اُردو آرٹسٹ ڈاٹ کام پر بھی اپنی خامہ فرسائی کے نقوش ثبت کرتا رہتا ہوں۔

مجھے بیرونِ ملک حلقۂ اربابِ فکر و نظر میں متعارف کرانے میں محترم حسن چشتی

صاحب مقیمِ شکاگو، اُن کے رفیقِ دیرینہ انور خواجہ اور ہفت روزہ "اُردو لنک" کا نہایت اہم رول رہا ہے۔ میری لوحِ دل پر ثبت ان کی شفقت کے نقوش لازوال ہیں۔ اُن کی وساطت سے میں محترم سردار علی صاحب مقیمِ ٹورانٹو، کناڈا اور اُن کی عالمگیر شہرت کی حامل "شعر و سخن ڈاٹ کام" سے روشناس ہوا جو مجھے مستقل اپنی شفقت سے نوازتے رہتے ہیں۔

محترم اعجاز عبید صاحب کی نوازشوں کے لئے بھی میں ان کا صمیمِ قلب سے سپاس گزار ہوں جنھوں نے حال ہی میں از راہِ لطف "برقی شعاعیں" کے نام سے میری کچھ موضوعاتی نظموں کو، جو میرا خصوصی میدان عمل ہے، برقی کتاب کی شکل میں زیورِ طبع سے آراستہ کیا ہے۔ خدائے بزرگ و برتر ان کی ادبی و علمی خدمات کو شرفِ قبولیت عطا فرمائے۔

جب میں نے فیس بُک سے رجوع کیا تو مجھے پتہ چلا کہ شیدائیانِ اُردو کس طرح یہاں بھی اُردو کے فروغ میں بقدرِ ظرف اپنے فکر و فن کے جوہر دکھا رہے ہیں اور یہاں بھی شمعِ اُردو اپنی آب و تاب کے ساتھ ضو فگن ہے۔ فیس بُک کی وساطت سے میں "اُردو منزل"، صغیر احمد جعفری صاحب اور اُردو کے فروغ میں اُن کی گراں قدر خدمات سے روشناس ہوا اور یہاں موجود احباب اور اُن کے دل پذیر کلام سے مستفید ہونے کا شرف حاصل ہو رہا ہے۔ فیس بُک پر موجود مختلف ادبی گروہوں، خصوصاً اُردو لٹریری فورم الف، انحراف، بزمِ امکان، اُردو شاعری، محبت، گلکاریاں اور دیا گروپ کی ہفتہ وار فی البدیہہ طرحی نشستوں میں طبع آزمائی نے بھی میرے شعور فکر و فن کو جلا بخشی جس کے لئے ان کا بھی ممنون ہوں۔ میرے محترم دوست مسلم سلیم، جو اپنے ۲۲/ بلاگس اور ویب سائٹس کے وسیلے سے اُردو زبان و ادب کی غیر معمولی خدمت انجام دے رہے

ہیں، کی برقی نوازی بھی میرے رخشِ قلم کے لئے مہمیز کا درجہ رکھتی ہے جن کی پیہم نوازشوں کے لئے صمیم قلب سے سپاس گزار ہوں اور اُن کے بارِ احساں سے کبھی سبکدوش نہیں ہو سکتا۔

میرے ہمکارِ عزیز محمد ولی اللہ ولیؔ... جن کا شعری مجموعہ "آرزوئے صبح" حال میں منظر عام پر آیا ہے... کی تشویق میرے اس شعری مجموعے کی اشاعت کے لئے محرک ثابت ہوئی اور اگر میں یہ کہوں کہ میرا یہ شعری مجموعہ ان کی تشویق کا مرہونِ منت ہے تو بے جا نہ ہو گا۔ اس برقی نوازی کے لئے ان کا بھی ممنون ہوں۔ "قومی کونسل برائے فروغِ اُردو زبان"، جس کی فروغ زبان و ادب میں غیر معمولی خدمات اظہر من الشمس ہیں، کا اس شعری مجموعے کی اشاعت میں مالی تعاون لائقِ تحسین و ستائش ہے جس کے لئے اس موقر ادارے اور خصوصاً اس کے فعال اور ادب و ادیب نواز ڈائرکٹر ڈاکٹر خواجہ اکرام االدین کا اس مالی تعاون کے لئے صمیمِ قلب سے شکر گزار ہوں۔ محترم سرور عالم راز سرورؔ، مکرمی مظفر احمد مظفرؔ، محترم عزیز بلگامی، ڈاکٹر تابش مہدی، ڈاکٹر محمد الیاس اعظمی، سید ضیا رضوی خیر آبادی، محترمہ سیدہ عمرانہ نشتر خیر آبادی، عزیزی اسرار احمد رازی، مکرمی محمد صدیق نقوی، محترم غلام شبیر رانا، محترم حسن چشتی (مقیمِ حال شکاگو)، انور خواجہ (ریزیڈینٹ ایڈیٹر، ہفت روزہ "اُردو لنک"، امریکہ)، محترم مسلم سلیمؔ، جناب ملک زادہ منظورؔ احمد، عالمی شہرت یافتہ ناول و افسانہ نگار محترم مشرف عالم ذوقی، عزیزی عبدالحئی خان (اسسٹنٹ ایڈیٹر "اُردو دُنیا"، قومی کونسل برائے فروغ اُردو زبان، نئی دہلی)، ڈاکٹر واحد نظیرؔ اور مجتبیٰ حسن امام حسن کا اُن کے حوصلہ افزا تاثرات کے لئے صمیم قلب سے سپاس گزار ہوں۔ عزیزی محمد احمد اور محمد انصر اور دیگر احباب کا بھی اُن کے مفید مشوروں اور تعاون کے لئے شکر گزار اور احسان مند ہوں۔ عزیزی سلطان شکیل اور

مکرمی نفیس احمد کا اس شعری مجموعے کی تنظیم و تزئین کے لئے ممنون ہوں۔ مکرمی انیس امروہوی (مدیر سہ ماہی "قصے") اور اُن کے ہنر مند فرزند مسعود التمش کا اس دیدہ زیب سرورق اور مکمل کتاب کی تزئین کاری کے لئے تہہِ دل سے ممنون ہوں۔ اپنی شریک حیات شہناز بانو، بیٹے فراز عالم، بہو سحر عالم، بیٹیوں رخشندہ پروین، نازیہ اور سعدیہ پروین کا بھی اُن کی نیک خواہشات کے لئے تہہِ دل سے شکر گزار ہوں۔

***

ڈاکٹر احمد علی برقی آعظمی
اے۔۱۲۲، تیسری منزل، جوہری فارم، گلی نمبر۔۴
جامعہ نگر، نئی دہلی۔۱۱۰۰۲۵

منظوم تعارف

شہر اعظم گڑھ ہے برقیؔ میرا آبائی وطن
جس کی عظمت کے نشاں ہیں ہر طرف جلوہ فگن
میرے والد تھے وہاں پر مرجعِ اہلِ نظر
جن کے فکر و فن کا مجموعہ ہے "تنویرِ سخن"
نام تھا رحمت الٰہی اور تخلص برقؔ تھا
ضو فگن تھی جن کے دم سے محفلِ شعر و سخن
آج میں جو کچھ ہوں وہ ہے اُن کا فیضانِ نظر
اُن سے ورثے میں ملا مجھ کو شعورِ فکر و فن
راجدھانی دہلی میں ہوں ایک عرصے سے مقیم
کر رہا ہوں میں یہاں پر خدمتِ اہلِ وطن
ریڈیو کے فارسی شعبے سے ہوں میں منسلک
میرا عصری آگہی برقیؔ ہے موضوعِ سخن

مجموعۂ کلام ہے "روحِ سُخن" مرا
پیشِ نظر ہے جس میں یہاں فکر و فن مرا

برقؔ اعظمی کا فیضِ نظر ہے میں جو بھی ہوں
ظاہر ہے نام سے یہ کہاں ہے وطن مرا

گلہائے رنگا رنگ کا گلدستۂ حسیں
اشعار سے عیاں ہے یہی ہے چمن مرا

سوزِ دروں حکایتِ آشوبِ روزگار
اور ہے "حدیثِ دلبری" طرزِ کہن مرا

ویب سائٹوں پہ لوگ ہیں خوش فہمی کے شکار
ناآشنا وطن میں ہے رنگِ سخن مرا

ہوتا زمانہ ساز تو سب جانتے مجھے
کیا خوئے بے نیازی ہے دیوانہ پن مرا

برقیؔ مرا کلام مرا خضرِ راہ ہے
کہتے ہیں لوگ آج یہ ہے حُسنِ ظن مرا

***

حمد باری تعالیٰ

میں شکر ادا کیسے کروں تیرے کرم کا
"حقا! کہ خداوند ہے تو لوح و قلم کا"

تو اور ترے محبوب کو حاصل یہ شرف ہے
ہے ذات میں پہلو نہیں جن کی کوئی ضم کا

خم سارے جہاں کی ہے جبیں سامنے اس کے
ثانی نہیں کونین میں کوئی بھی حرم کا

ممکن نہیں توصیف تری جن و بشر سے
سر سامنے خم ہے ترے اعجازِ قلم کا

رسوائے زمانہ کو ہے عبرت کا یہ اک درس
جمشید کو حاصل نہ ہوا فیض ارم کا

ہے قبضۂ قدرت میں ترے عزت و ذلت
سرچشمہ ہے بس تو ہی ہر اک ناز و نعم کا

طوفانِ حوادث میں ہے برقیؔ کا سفینہ
کر سکتا ہے اب تو ہی ازالہ مرے غم کا

***

حمد باری تعالیٰ

ہے تصور میں مرے بس تو ہی تو
عکس ہے ہر شے میں تیرا ہو بہو

تو ہے میرے فکر و فن کی آبرو
تجھ سے ہے گلزارِ ہستی مُشک بو

تجھ سے ہے آباد میرا قصرِ دل
رہتا ہوں تجھ سے ہی محوِ گفتگو

تو ہی ہے شمعِ شبستانِ وجود
تجھ سے روشن ہے جہانِ رنگ و بو

دامنِ ہستی ہے میرا تار تار
میں اسے آخر کروں کیسے رفو

جب سے دیکھا تجھ کو اپنے روبرو
توڑ ڈالے تب سے سب جام و سبو

دل کے آئینے میں برقیؔ صبح و شام
دیکھتا ہوں مصحفِ رُخ با وضو

٭٭٭

حمد باری تعالیٰ

اے خدا تو نے زندگی بخشی
کیف و سرمستی و خوشی بخشی

سبزہ زاروں کو تازگی بخشی
گُلعذاروں کو دلکشی بخشی

تیرے تابع ہے نظمِ کون و مکاں
"چاند تاروں کو روشنی بخشی"

مصلحت تیری کیا ہے تو جانے
زندگی کیوں یہ عارضی بخشی

تیرا ہر حال میں ہے وہ انعام
جو بھی تو نے بُری بھلی بخشی

تیرا فضل و کرم ہے بے پایاں
تو نے کوئی نہیں کمی بخشی

جو میسر نہیں فرشتوں کو

ہم کو وہ شکلِ آدمی بخشی

بعد اپنے نبیِ اکرم ﷺ کو
تو نے ہر شے پہ برتری بخشی

اُن کی زلفوں کی کھا کے تو نے قسم
اُن کو وہ شانِ دلبری بخشی

جس میں اُن کا نہیں کوئی ثانی
اُن کو ایسی پیمبری بخشی

فخر ہے اُمتی ہیں ہم اُن کے
جن کو عالم کی سروری بخشی

دینِ اسلام سب سے ہے ممتاز
جس کو یہ صلح و آشتی بخشی

آ رہی ہے صدائے کُن فیکون
تو نے ہی صوتِ سرمدی بخشی

تیرا منت گزار ہے برقیؔ
جس کے نغموں کو نغمگی بخشی

***

نعت رسول مقبول صَلَّی اللّٰہُ عَلَیْہِ وَسَلَّم

"اے خاصۂ خاصانِ رسل" شاہِ مدینہ
طوفانِ حوادث میں ہے اُمّت کا سفینہ

اِس دورِ پُر آشوب میں اب جائیں کہاں ہم
ہم بھول گئے ایسے میں جینے کا قرینہ

کچھ کہنے سے قاصر ہے زباں ذہن ہے ماؤف
اب بامِ ترقی کا بھی مسدود ہے زینہ

درکار ہمیں آپ کی ہے چشمِ عنایت
آنکھوں میں نمی اور ہے چہرے پہ پسینہ

وہ آپ ہیں جس سے ملا قرآن کا تحفہ
جو نوعِ بشر کی ہے ہدایت کا خزینہ

واللیل اذا یغشٰی کی خوشبو سے معطّر
ہے آپ کی پیشانیِ اقدس کا پسینہ

بیشک ہے دو عالم کے لئے مطلعِ انوار
یہ آپ کی اُنگشتِ شہادت کا نگینہ

احمد علی برقیؔ کی ہے یہ شامتِ اعمال
ہے فضل خدا آپ کی بعثت کا مہینہ

٭٭٭

نعت شریف

تمنا ہے دیکھوں بہارِ مدینہ
ہے صبر آزما انتظارِ مدینہ

مدینہ میں جاؤں تو واپس نہ آؤں
مرے جان و دل ہیں نثارِ مدینہ

وہی جانتے ہیں جو ہیں اہل ایماں
ہے کس درجہ عزّ و وقارِ مدینہ

قسم جس کی زلفوں کی کھائی ہے حق نے
مکیں ہے یہیں وہ نگارِ مدینہ

جو اہلِ بصیرت ہیں اُن کی نظر میں
گُلوں سے بھی بڑھ کر ہے خارِ مدینہ

یہ ہے مسکنِ شافعِ روزِ محشر

"زہے رحمتِ بیشمارِ مدینہ"

مجھے سیم و زر کی ضرورت نہیں ہے
ہے اکسیر برقیؔ غبارِ مدینہ

* * *

نعت شریف

کیا کوئی کرے شمعِ رسالت کا احاطہ
ممکن نہیں اس نور کی عظمت کا احاطہ

قاصر ہوں رقم کرنے سے میں اُن کے محاسن
میں کیسے کروں ان کی فضیلت کا احاطہ

ہے گُنگ زباں اور قلم میرا ہے ساکت
یہ کیسے کرے عرضِ ارادت کا احاطہ

حد اُن کے فضائل کی نہیں کوئی مقرر
محدود ہے اظہارِ عقیدت کا احاطہ

کونین میں ہیں صرف وہی رحمتِ عالم
رحمٰن ہی کر سکتا ہے رحمت کا احاطہ

جبریل امیں کے پرِ پرواز سے پوچھیں
ان کی شبِ معراج میں رفعت کا احاطہ

ہیں شافعِ محشر وہ جسے چاہیں نوازیں
محدود نہیں اُن کی شفاعت کا احاطہ

ہے شان میں ورفعنا لک ذکرک انہیں کی
ممکن ہی نہیں اُن کی فضیلت کا احاطہ

واللیل اذا یغشٰی ہی کر سکتی ہے برقیؔ
محبوب و مُحب اور محبت کا احاطہ

***

نعت شریف

ہے یہ فیضانِ محمد مصطفی ﷺ
روح پرور ہے مدینے کی فضا

ہے جہاں میں کس کا ایسا مرتبہ
جس کی عظمت کا ثنا خواں ہے خدا

جس کی عملی زندگی ہے اک مثال
جس کا ہے قرآنِ ناطق معجزا

رحمت اللعٰلمیں کے فیض سے
ہو رہے ہیں بہرہ ور شاہ و گدا

کوئی بتلائے یہ مجھ سے کون ہے
شافعِ روزِ جزا اس کے سوا

بج رہا ہے جس کا ڈنکا چارسو
چل رہا ہے جس کا سکہ جا بجا

ہے کوئی کون و مکاں میں آج تک
ہے جو سب سے محترم بعد از خدا

مشعلِ رُشد و ہدیٰ ہے جس کی ذات
زندۂ جاوید ہے وہ رہنما

ہے وہی وجۂ وجودِ کائنات
جس کا صدقہ ہیں سبھی ارض و سما

گنبدِ خضرا میں فرشِ خاک پر
جلوہ فرما ہے حبیبِ کبریا

ضو فگن ہے مسجدِ نبوی یہاں

عظمتِ اسلام ہے جلوہ نما
مطلعِ انوار ہے یہ سرزمیں
جو ہے برقی مرکزِ رشد و ھُدیٰ

***

نعتِ رسول مقبول ﷺ

مدینے جا رہا ہوں ہیں قدم لغزیدہ لغزیدہ
ابھی سے ہے نگاہِ شوق یہ نمدیدہ نمدیدہ

خدا کا شکر ہے دیکھوں گا اُس کو چشمِ ظاہر سے
ابھی تک دیکھتا تھا میں جسے خوابیدہ خوابیدہ

تھی تصویرِ تصور گُنبدِ خضریٰ کی آنکھوں میں
ہجومِ حسرت و اُمید میں نادیدہ نادیدہ

جہاں پر رحمت اللّعٰلمیں ﷺ آرام فرما ہیں
قدم بڑھتے ہیں اُس جانب مرے لرزیدہ لرزیدہ

شفیع المُذنبیں ﷺ کے روضۂ اقدس کی جالی کو
نگاہِ شوق سے دیکھوں گا میں دُزدیدہ دُزدیدہ

بفیضِ احمدِ مُرسل ﷺ ہیں آساں وہ گزرگاہیں
نظر آتی تھیں جو پہلے مجھے پیچیدہ پیچیدہ

یہاں رہتا تھا میں آزردہ خاطر رات دن اکثر
مرا قلبِ حزیں ہے اب وہاں سنجیدہ سنجیدہ

مئے عشقِ نبی ﷺ سے آج ہے سرشار اے برقیؔ
دلِ مُضطر رہا کرتا تھا جو رنجیدہ رنجیدہ

٭٭٭

نعت رسولِ مقبول ﷺ

عظیم المرتبت بعد از خدا ہے ذاتِ پیغمبر
خدائے دوجہاں خود پڑھ رہا ہے نعتِ پیغمبر

مِلا ہے جن کو اِذنِ باریابی اُن کے روضے پر
میسر کیوں نہ ہوں اُن کو سبھی برکاتِ پیغمبر

تمام اہلِ جہاں کی ہیں ہدایت کا وہ سرچشمہ
حدیثوں میں ہیں جو محفوظ، وہ رشحات پیغمبر

ہے حسنِ خلق اُن کا تاق زیامت اسوۂ حسنہ

ہیں مرغوبِ خدائے دوجہاں عاداتِ پیغمبر

اُنہیں کی ذاتِ اقدس وجۂ تخلیقِ دو عالم ہے
جو کھاتے پیتے ہیں ہم سب وہ ہیں صدقاتِ پیغمبر

کریں اظہارِ عشق اپنا فقط اک روز کیوں اُن سے
رہے وِردِ زباں ہر سانس میں صلواتِ پیغمبر

وہ ہیں خیرالبشر اور رحمت اللعٰلمیں برقیؔ
بقائے دیں کے تھے ضامن سبھی غزواتِ پیغمبر

***

نعت شریف

"نبی ﷺ کی ذات زینت بن گئی ہے میرے دیواں کی"
اُنہیں کا نور ہے جو روشنی ہے بزمِ امکاں کی

وہی ہیں شان میں جن کی ہے ورَفعنا لک ذکرک
ثنا خواں اُن کی عظمت کی ہر اک آیت ہے قرآں کی

خدا کے بعد ہے سب سے بڑا درجہ محمد ﷺ کا
اُنھیں کی ذات ہے معراجِ اکبر نوعِ انساں کی

نہیں ہے اُن کا ثانی اور نہ ہو گا حشر تک کوئی
ہے اُن کی ذات مظہر سر بسر انوارِ یزداں کی

مسلماں ہو کہ ہندو ہو یہودی ہو کہ عیسائی
سبھی پر جاری وساری ہے شفقت ان کے فیضاں کی

اُنھیں کی ذاتِ اقدس منبعِ رُشد و ہدایت ہے
وہی ہیں روشنی کون و مکاں میں شمعِ عرفاں کی

ہے عملی زندگی قرآنِ ناطق اُن کی دُنیا میں
وہی ہیں درحقیقت روح برقیؔ دین و ایماں کی

٭٭٭

غزلیں

احساس کا وسیلۂ اظہار ہے غزل
آئینہ دارِ نُدرتِ افکار ہے غزل

اُردو ادب کو جس پہ ہمیشہ رہے گا ناز
اظہارِ فکر و فن کا وہ معیار ہے غزل

گلدستۂ ادب کا گُلِ سرسبد ہے یہ
ہیں جس میں گُلعذار وہ گلزار ہے غزل

آتی ہے جس وسیلے سے دل سے زبان پر
خوابیدہ حسرتوں کا وہ اظہار ہے غزل

اُردو زبانِ دل ہے غزل اُس کی جان ہے
نوعِ بشر کی مونس و غمخوار ہے غزل

پہلے "حدیثِ دلبری" کہتے تھے اس کو لوگ
اب ترجمانِ کوچہ و بازار ہے غزل

پیشِ نظر اگر ہو ولیؔ دکنی کا طرز

مشاطۂ عروسِ طرحدار ہے غزل

ہے میرؔ و ذوقؔ و غالبؔ و مومنؔ کو جو عزیز
وہ دلنواز جلوہ گہہِ یار ہے غزل

برقیؔ کے فکر و فن کا مرقع اسی میں ہے
برقؔ اعظمی سے مطلعِ انوار ہے غزل

***

یادوں کی بازگشت مجھے کر رہی ہے مست
سرمایۂ حیات ہے یہ میرا بود و ہست

آلامِ روزگار سے ہے میرا حال پَست
غالب ہے آج مجھ پہ جو تھا پہلے زیردست

ایسا نہ تھا کبھی مرے خواب و خیال میں
یہ کون کر رہا ہے مرے گِرد و پیش گشت

میری نگاہِ شوق ہے کیوں فرشِ راہ آج
کرتا ہے آج کیوں مرا مُرغِ خیال جَست

یہ جانتے ہوئے کہ نہ آئے گا وہ کبھی
میں کر رہا ہوں اُس کی ضیافت کا بندوبَست

ہے اُس کو میری فکر جو ہے میرا کارساز

مُجھ کو بُتوں سے ڈر نہیں میں ہوں خُدا پرست
مانے نہ مانے کوئی مرا ہے یہ اعتقاد
"دشمن اگر قوی است نگہباں قوی تر است"

نعمت خُدا کی ہے جوہو ذہنی سکوں نصیب
ہیں ہیچ میرے سامنے برقیؔ یہ تاج و تخت

***

ہمیں جو کہنا ہے کہتے رہیں گے وہ بیباک
نہ کر سکے گی ہمیں زیر گردشِ افلاک

بہت سے ہم نے نشیب و فراز دیکھے ہیں
کریں گے خاک سب اس کے عزائم ناپاک

بھروسہ قوتِ بازو پہ اپنی ہے جن کو
ہے اُن کے سامنے کوہِ گراں خس و خاشاک

شعار اپنا رہا ہے ہمیشہ حق گوئی
کیا ہے سینۂ باطل کو تیغِ حق نے چاک

تھی اپنے ہاتھ میں مہمیز ا شہبِ دوراں
بنا رہا ہے ہمیں آج یہ جہاں فتراک

عرب ہو یا ہو عجم سب ہیں مُہرۂ شطرنج

بساطِ دہر پہ حاوی ہیں وہ جو ہیں چالاک
نہ جل سکیں گے کبھی ہم اُس آگ میں ہرگز
"کہ جس کا شعلہ نہ ہو تُند و سرکش و بیباک"

نہ دیتے گر ہمیں اقبالؔ درسِ فکر و عمل
تو ہوتا حالِ زبوں اپنا اور عبرتناک

کریں گے معرکۂ خیر و شر کو سر برقیؔ
ہماری تاب و تواں کیا ہے ہم کو ہے اِدراک

***

کتنا عجب ہے جوشِ جنوں کا میرے یہ افسانہ بھی
میرا یہ کاشانۂ دل آباد بھی ہے ویرانہ بھی

اُس کی نگاہِ ناز کی مستی ایسی اثر انداز ہوئی
"ہاتھ سے مُنھ تک آتے آتے چھوٹ پڑا پیمانہ بھی"

حِفظِ مراتب کا ہوں قائل سب سے ہے میری راہ و رسم
دیوانوں میں دیوانہ فرزانوں میں فرزانہ بھی

کوئی نہیں ہے آگے پیچھے جس سے کہوں میں حالِ زبوں
تھا جو سکونِ قلب کا باعث نہیں رہا وہ شانہ بھی

بند کیا تھا مرا ناطقہ پیرِ فلک نے پہلے ہی

دشمنِ جاں ہیں عہدِ رواں میں میرے اہل زمانہ بھی
کوئی غمِ دوراں سے ہے نالاں تنگ غمِ جاناں سے کوئی

سوزِ دروں سے اب ہے پریشاں میرا دلِ دیوانہ بھی

ہوتا ہے مجروح تقدس آج عبادت گاہوں کا
زد میں ہے اہلِ سیاست کی اب مسجد بھی بُتخانہ بھی

اپنوں کا تھا جیسا رویہ وقتِ ضرورت میرے لئے
پیش نہ آیا ایسے برقیؔ مُجھ سے کوئی بیگانہ بھی

***

وہ ایک جھلک دکھلا بھی گئے، وعدوں سے ہمیں بہلا بھی گئے
اک لمحہ خوشی دے کر ہم کو، برسوں کے لئے تڑپا بھی گئے

دیدار کی پیاسی تھیں آنکھیں، کچھ دیر اگر وہ ٹھہر جاتے
اک چشمِ زدن میں ایسے گئے، ہم کھو بھی گئے اور پا بھی گئے

آنکھوں میں شرابِ شوق لئے، دروازۂ دل سے یوں گزرے
میخانۂ ہستی میں آ کر، وہ پی بھی گئے چھلکا بھی گئے

تھا ایسا نگاہوں میں جادو، ہم بھول گئے سب جام و سبو
جیسے ہی نگاہیں ان سے ملیں، ملتے ہی نظر شرما بھی گئے

ہیں غمزہ و ناز و ادا اُن کے، توصیف سے اپنی بالا تر

تھی چال میں ایسی سُبک روی، ناگن کی طرح بل کھا بھی گئے

ہے رنگِ مجازؔ بہت دلکش، جو شعر و سخن میں تھے یکتا
اپنے اشعار سے جو سب کو، بہلا بھی گئے تڑپا بھی گئے

نظمیں ہوں اُن کی یا غزلیں، دیتی ہیں دعوتِ فکر و عمل
وہ زلفِ عروسِ سخن آ کر جو اُلجھی تھی سلجھا بھی گئے

کچھ دیر انھیں نہ لگی برقیؔ، آئے بھی اور گزر بھی گئے
وہ غنچۂ دل کو کِھلا بھی گئے، جو کھلتے ہی مُرجھا بھی گئے

***

امن و صُلح و آشتی ہو جیسے بیماری کا نام
ہے سیاست عہدِ نو میں ایک عیاری کا نام

اُن کا ظاہر اور باطن دیکھ کر ایسا لگا
پارسائی جیسے ہو شاید ریاکاری کا نام

جو زمانہ ساز ہیں،ہیں سب کے منظورِ نظر
ہے تغزل میں ترنم آج فنکاری کا نام

گردشِ حالات سے ہے بند جن کا ناطقہ
وہ زبانِ حال سے لیتے ہیں بیکاری کا نام

ہے گرانی کا وہ عالم الامان و الحفیظ

ڈرتے ہیں لیتے ہوئے اب سب خریداری کا نام

شوخیِ گفتار میں کہہ جاتے ہیں وہ کچھ سے کچھ
دوستی ان کی نظر میں ہے دل آزاری کا نام

پُرمسرت زندگی ہے آج کل خواب و خیال
ہے زباں پر اِن دنوں سب کی عزاداری کا نام

کر رہا ہوں یہ غزل نذرِ ضمیرؔ جعفری
ہے درخشاں فکر و فن سے جن کے فنکاری کا نام

کیا کشودِ کار کی برقیؔ کوئی صورت نہیں
سب کے ہے وِردِ زباں اب صرف دشواری کا نام

***

میں روودادِ دلِ مضطر سنا دوں پھر چلے جانا
تمھیں زخمِ جگر اپنا دکھا دوں پھر چلے جانا

ذرا سی ٹھیس سے یہ شیشۂ دل ٹوٹ جائے گا
تمھیں اِس خوابِ غفلت سے جگا دوں پھر چلے جانا

سمجھتے ہو اسے بازیچۂ اطفال تم شاید
تمھیں آدابِ اُلفت میں سکھا دوں پھر چلے جانا

نہیں روکوں گا جانے سے تمھیں لیکن ذرا ٹھہرو

میں تم کو آج آئینہ دکھا دوں پھر چلے جانا

اگرچہ مُنتشر ہے میرا یہ شیرازۂ ہستی
تمھارے خانۂ دل کو سجا دوں پھر چلے جانا

نشاط و کیف و سرمستی کا ساماں تھے تمھیں میرے
متاعِ جان و دل تم پر لٹا دوں پھر چلے جانا

بنایا رفتہ رفتہ مجھ کو شیدائی سے سودائی
تمھیں بھی اپنا دیوانہ بنا دوں پھر چلے جانا

وہ ہے درپردہ دشمن جو بظاہر دوست ہے برقیؔ
حقیقت کیا ہے یہ تم کو بتا دوں پھر چلے جانا

***

رہِ زندگانی میں چلنا سنبھل کے
ملا یہ سبق موجِ طوفاں میں پَل کے

یہ ہیں رہنما دیکھئے آج کل کے
جو ہر روز آتے ہیں چہرے بدل کے

گلوں کی تمنا ہمیں بھی تھی لیکن
شب و روز گذرے ہیں کانٹوں پہ چل کے

غمِ زندگی آج حاوی ہے اس پر

نہیں رہ گئے اب وہ عنواں غزل کے

کہاں سے اُنہیں لا کے دوں چاند تارے
کہا میرے بچوں نے مجھ سے مچل کے

میسر نہیں اُن کو دو گز زمیں بھی
مگر خواب وہ دیکھتے ہیں محل کے

اُنہیں آرہے ہیں نظر دن میں تارے
حساب اُن کو دینے ہیں ایک ایک پَل کے

دکھایا جو آئینہ برقیؔ نے ان کو
تمھیں دیکھ لیں گے وہ کہتے ہیں جَل کے

***

خانۂ دل کا باب ہیں آنکھیں
روحِ حسن و شباب ہیں آنکھیں

ہیں یہ مشاطۂ عروسِ حیات
حُسن کی آب و تاب ہیں آنکھیں

جسم میں ہیں یہ مطلعِ انوار
صورتِ ماہتاب ہیں آنکھیں

دستِ قدرت کا شاہکار ہیں یہ

تحفۂ لاجواب ہیں آنکھیں

ہیں یہ شمعِ حیات کی تنویر
ضو فشاں آفتاب ہیں آنکھیں

ایک مدت سے ہے جو لاینحل
وہ سوال و جواب ہیں آنکھیں

ہیں یہ سوزِ دروں کا آئینہ
مظہرِ اضطراب ہیں آنکھیں

جستجو میں کسی کی سرگرداں
دشتِ دل میں سراب ہیں آنکھیں

زندگی میں نہیں ہے کوئی رمق
جب سے زیرِ عتاب ہیں آنکھیں

حسرتِ دید ہے ابھی باقی
اِس لئے نیم خواب ہیں آنکھیں

عالمِ رنگ و بو میں اے برقیؔ
اک حسیں انتخاب ہیں آنکھیں

***

دلکش و دلفگار ہے دُنیا
مظہرِ نور و نار ہے دُنیا

کچھ گُلِ سَرسبَد سمجھتے ہیں
کچھ کی نظروں میں خار ہے دُنیا

ہے فلسطین اِس کی ایک مثال
جیسے اک کارزار ہے دُنیا

دیکھتا ہی نہیں اِدھر کوئی
کتنی غفلت شعار ہے دُنیا

اہلِ غزہ سے پوچھئے جا کر
دامنِ داغدار ہے دُنیا

خونِ انساں یہاں پہ ارزاں ہے
جس کا اک کاروبار ہے دُنیا

وہ "فلوٹیلا" کاروانِ رفاہ
جس کی مِنت گذار ہے دُنیا

اس پہ صیہونیت کی یہ یلغار
دیکھ کر شرمسار ہے دُنیا

ہو اگر امن و صلح کا ماحول
ایسے میں سازگار ہے دُنیا

تنگ ہو عرصۂ حیات اگر

روحِ سخن (غزلیں) 40 احمد علی برقی اعظمی

حسرتوں کا مزار ہے دُنیا
کرو عقبیٰ کی فکر اے برقیؔ
"چار دن کی بہار ہے دُنیا"

***

منظرِ صبح و شام ایک طرف
حُسنِ ماہِ تمام ایک طرف

جامِ مے میں کہاں وہ کیف و سرور
اس کی آنکھوں کا جام ایک طرف

چشمِ میگوں چھلک رہی ہے ادھر
عاشقِ تشنہ کام ایک طرف

ہے یہ جوشِ جنوں کا اک فیضان
میرا اور اُس کا نام ایک طرف

دشمنِ جاں ہے گردشِ دوراں
اشہبِ بے لگام ایک طرف

ہے وہ مشاطۂ عروسِ سخن
میرا حُسنِ کلام ایک طرف

یہ مرے فکر و فن کا سرمایہ
جو ہے نقشِ دوام ایک طرف

آج اپنے وطن میں ہوں گمنام
ہو گا کل میرا نام ایک طرف

میں ہوں برقؔ اعظمی کے فن کا غلام
جن کا ہے فیضِ عام ایک طرف

ہے مرے لب پہ کلمۂ توحید
ذکرِ خیر الانام ﷺ ایک طرف

ہیچ برقیؔ ہیں سب یہ جاہ و حشم
خُسروِ نیک نام ایک طرف

***

میرا جوشِ جنوں والہانہ ہوا، تلخ پھر زندگی کا فسانہ ہوا
اُس سے بچھڑے ہوئے اک زمانہ ہوا، جس کے تیرِ نظر کا نشانہ ہوا

اپنی فطرت سے مجبور ہوں اس لئے، سرکشی سے ہمیشہ گریزاں رہا
کرسکا میں تجاوز نہ حد سے کبھی، اس کا جو وار تھا جارحانہ ہوا

کام آیا نہ کچھ میرا سوزِ دروں، وہ بڑھاتا رہا میرا جوشِ جنوں
مرغِ بسمل کی صورت مرا حال تھا، جذبۂ عاشقی قاتلانہ ہوا

تھا وہ صیاد ہر دم مری گھات میں، کر رہا تھا تعاقب جو برسات میں
دامِ تزویر میں اُس کے میں آ گیا، دشمنِ جاں مرا آب و دانہ ہوا

تھی سکونت نہ اُس کی کبھی دیرپا، آمد و رفت کا وقت کوئی نہ تھا
کوئی رہتا نہیں ہے جہاں مستقل، دل مرا اُس کا مہمان خانہ ہوا

خواب میں میرے اکثر وہ آتا رہا، ویسے مجھ سے وہ نظریں چراتا رہا
اُس کے ناز و ادا تھے حیات آفریں، جو بھی سرزد ہوا غائبانہ ہوا

امجد اسلام امجدؔ کا رنگِ سخن، عہدِ حاضر میں ہے مرجعِ اہلِ فن
دلنشیں اُن کا اسلوب اس بحر میں، اِس غزل کا میری شاخسانہ ہوا

کھا رہا تھا میں اُس کا فریبِ نظر، خانۂ دل کے تھے منتظر بام و در
کام آئی نہ کچھ سادہ لوحی مری، کارگر اُس کا برقیؔ بہانہ ہوا

***

میں ظلم و جور کا کس طرح سدِ باب کروں
جواب دے کے اسے کیسے لاجواب کروں

جو کر رہا ہے پسِ پردہ میری بیخ کنی
میں کیسے اُس کے عزائم کو بے نقاب کروں

حساب اُس سے کروں گا جگا کے میں اپنا
مرا شعار نہیں اُس کو محوِ خواب کروں

جو ہونا ہو گا وہ ہو جائے گا بفضلِ خدا
میں اپنی نیند بلا وجہہ کیوں خراب کروں

جہاں جمود و تعطل کا ہو نہ کوئی شکار
میں چاہتا ہوں بپا ایسا انقلاب کروں

نہ جانے زندگی کب ساتھ چھوڑ دے میرا
مجھے جو کرنا ہے کیوں کر نہ وہ شتاب کروں

جسے سمجھتا تھا میں رہنما وہ تھا رہزن
میں کیسے اپنے عزائم کو کامیاب کروں

نہیں ہے تیرگی مجھ کو پسند اے برقیؔ
"میں چاہتا تھا چراغوں کو آفتاب کروں"

***

بات جو اُن کے حُسن کی بزمِ سُخن میں چل گئی
میری جو کیفیت تھی وہ میری غزل میں ڈھل گئی

کہہ کے گئے تھے آئیں گے وہ شبِ وعدہ کل گئی
آج بھی منتظر ہوں میں آئے نہ شام ڈھل گئی

لیتے ہیں بار بار کیوں صبر کا میرے امتحاں
روٹھے ہیں مُجھ سے کس لئے کل کی وہ بات گَل گئی

کرتے ہیں دل لگی یہ کیوں اِس سے ملے گا اُن کو کیا
صُبح سے شام ہو گئی رات بھی آ کے ٹل گئی

موجِ نشاط و سرخوشی ثابت ہوئی نہ دیرپا
نخلِ مُراد کی مرے شاخِ اُمید جل گئی

مُجھ کو دکھا رہے تھے جو وہ تو تھا اُن کا سبز باغ
وعدۂ پُرفریب سے طبعِ حزیں بہل گئی

خانۂ دل میں آ کے وہ بولے ذرا ابھی ٹھہر
اِتنا اُتاولا ہے کیوں کیا تری عقل چل گئی

برقیؔ متاعِ شوق ہے کیفیتِ اُمید و بیم
تجھ کو ملے گا کیا اگر حسرتِ دل نکل گئی

***

وہ کہاں ہیں ہمیں بتاتے تو
ہم چلے آتے وہ بلاتے تو

جان و دل ہم نثار کر دیتے
کاش وہ ہم کو آزماتے تو

خانۂ دل نہ ہوتا خاکستر
ہنس کے بجلی نہ وہ گراتے تو

ہم سے اچھا کوئی نہیں ہوتا
ناز اُن کے جو ہم اُٹھاتے تو

بال کی وہ نکالتے ہیں کھال
عیب اُن کے جو ہم گِناتے تو

وہ دکھاتے ہیں آئینہ ہم کو
آئینہ اُن کو ہم دکھاتے تو

سر پہ وہ آسماں اُٹھا لیتے
ہم اگر اُن کو بھول جاتے تو

آئے تھے تو ذرا ٹھہر جاتے
کاش کچھ دیر وہ نہ جاتے تو

آپ بیتی ہماری سنتے وہ
اُن کی ہم سُنتے جو سُناتے تو

ہوتے برقیؔ وہ سب کے نورِ نظر
رسمِ اُلفت اگر نِبھاتے تو

***

دیکھا جو اُس کو تیر نظر اُس کا چل گیا
لیکن میں اُس کے وار سے بچ کر نکل گیا

اُس کی کُلاہ کج ہے اُسی بانکپن کے ساتھ
رسّی تو جل چکی ہے ابھی تک نہ بل گیا

میں آشنا ہوں اُس کے ہر اک قول و فعل سے
اُس نے کیا تھا وعدۂ فردا جو ٹل گیا

عادی ہوں زندگی کے نشیب و فراز کا
تعمیر کر رہا ہوں وہی گھر جو جل گیا

حالات سے ہمیشہ نبرد آزما ہوں میں
ہر ہر قدم پہ ٹھوکریں کھا کر سنبھل گیا

ناز و نعم میں جس کے گذرتے تھے روز و شب
سر سے ابھی نہ اُس کے خیالِ محل گیا

تھا عرصۂ حیات مرا تنگ اس لئے
آشوبِ روزگار میں بھی رہ کے پَل گیا

تنکے کا ڈوبتے کو سہارا ہو جس طرح
دلجوئی کی کسی نے تو برقیؔ بَہل گیا

***

کرشمے غمزہ و ناز و نظر کے دیکھتے ہیں
دیارِ شوق سے ہم بھی گزر کے دیکھتے ہیں

سُنا ہے خوشنما منظر ہے گُلعذاروں سے
اگر یہ سچ ہے تو ہم بھی ٹھہر کے دیکھتے ہیں

ہے اُس کی چشمِ فسوں ساز جیسے گہری جھیل
شناوری کے لئے ہم اُتر کے دیکھتے ہیں

خرامِ ناز میں سرگرم ہے وہ رشکِ گُل
چمن میں غنچہ و گُل بھی سنور کے دیکھتے ہیں

جدھر جدھر سے گُذرتا ہے وہ حیات افروز
نظارے ہم وہاں شمس و قمر کے دیکھتے ہیں

حریمِ ناز معطّر ہے اُس کی آمد سے
مزاج بدلے نسیمِ سحر کے دیکھتے ہیں

کبھی ہے خُشک کبھی نَم ہے چشمِ ماہ وشاں
نظارے چل کے وہاں بحر و بَر کے دیکھتے ہیں

جو خواب دیکھا تھا احمد فراز نے برقیؔ
ہم اُس کو زندۂ جاوید کر کے دیکھتے ہیں

***

کسی کی یہ تن آسانی کے دن ہیں
"ہماری تنگ دامانی کے دن ہیں"

تلاطم خیز موجوں میں گھرے ہیں
نہ تھا معلوم طُغیانی کے دن ہیں

یہ کیسا انقلاب آیا جہاں میں
بہر سو فتنہ سامانی کے دن ہیں

گراں ہر چیز ہے عہدِ رواں میں
ہمارے خوں کی ارزانی کے دن ہیں

ہوا کرتے تھے جو دربان اپنے
اب اُن کی آج سُلطانی کے دن ہیں

نہ جانے کیوں ہے دامنگیر وحشت
جنوں میں چاک دامانی کے دن ہیں

نہیں آیا غزل گوئی کا موسم
ابھی تو مرثیہ خوانی کے دن ہیں

گزر جائیں گے یہ بھی رفتہ رفتہ
ابھی برقیؔ پریشانی کے دن ہیں

٭٭٭

دیارِ شوق میں جس کو بھی ہمسفر جانا
وہ راہ زن تھا اُسے میں نے راہبر جانا

جو اہل فضل و ہُنر تھے وہ تھے پسِ پردہ
زمانہ ساز تھا جس کو بھی دیدہ ور جانا

شعور و فکر نے میرے دیا نہ ساتھ مرا
جو باخبر تھے انہیں میں نے بے خبر جانا

بھگت رہا ہوں سزا اپنی بد گمانی کی
جو صُلح جو تھا اُسے میں نے فتنہ گر جانا

قصور میرا تھا ملتا ہوں اب کفِ افسوس
جو بارور تھے اُنھیں نخلِ بے ثمر جانا

نہیں ہے اِس سے بڑی اور کوئی حق تلفی
جو مثلِ لعل و گُہر تھے اُنھیں صِفَر جانا

وفا کا نام جفا رکھ دیا جفا کا وفا
امیر شہر نے ظالم کو معتبر جانا

سمجھ میں آئی ہے جب سے مرے حقیقتِ حال
نہیں پسند مجھے اب اِدھر اُدھر جانا

وہ خود فریبی تھی برقیؔ کی یا کہ خوش فہمی
جو اہل ظرف تھے اُن کو ہی کم نظر جانا

***

دل میں ہے دلنواز غزل کہہ رہا ہوں میں
تارِ نفس ہے ساز غزل کہہ رہا ہوں میں

مشاطۂ عروسِ غزل ہے مری رفیق
ہر غم سے بے نیاز غزل کہہ رہا ہوں میں

آرائشِ خیال کی ہے جلوہ گاہ ذہن
قسمت ہے کار ساز غزل کہہ رہا ہوں میں

وہ پوچھتے ہیں مجھ سے مرا ماجرائے شوق
ہے اس کا کیا جواز غزل کہہ رہا ہوں میں

یہ نے کا اور نوا کا بھی رشتہ عجیب ہے
ہے کوئی نے نواز غزل کہہ رہا ہوں میں

جب سے ہے کوئی دل کے دریچے میں جلوہ گر
ہے ذہن میرا باز غزل کہہ رہا ہوں میں

یادوں کا اک ہجوم ہے کیوں دل کے آس پاس
سینے میں ہے گداز غزل کہہ رہا ہوں میں

میرا رقیب در پئے آزار ہے مرے
کرتا ہے ساز باز غزل کہہ رہا ہوں میں

برقیؔ نہیں ہے کوئی غرض اس سے مجھ کو آج
کیا ہے نیاز و ناز غزل کہہ رہا ہوں میں

***

آ جا تجھ کو خانۂ دل میں اپنا بناؤں گا مہمان
حسرتِ دید کی تیری پیاسی یہ آنکھیں ہیں میری جان

چاروں طرف ہے اک سناٹا کوچۂ جاناں بھی سُنسان
جب سے گیا ہے چھوڑ کے اس کو خانۂ دل ہے یہ ویران

میں نے کہا ہے جو کچھ تجھ سے ہے وہ مرے دل کی آواز
تجھ پہ تصدق ہے یہ متاعِ شوق مری تو مان نہ مان

وعدۂ فردا کر کے نہ آیا فرشِ راہ تھے دیدہ و دل
میں یہ سمجھنے سے ہوں قاصر جان کے بھی کیوں ہے انجان

صفحۂ دل پر اب بھی ہیں محفوظ تری یادوں کے نقوش
دیکھ کے تیرا روئے زیبا آ جاتی تھی جان میں جان

جوشِ جنوں میں اب بھی ہے مجھ کو حدِ ادب کا پاس و لحاظ
تیرا خیالِ خام ہے یہ جو مجھ کو سمجھتا ہے نادان

اُن کے سبھی کرداروں میں شامل تھا اُن کا خونِ جگر
ابنِ صفی کا پیشِ نظر ہے میرے یہ آدرش مہان

وجہِ سعادت میرے لئے ہے اُن کی زمیں میں فکرِ سخن
ابنِ صفی کے طرزِ بیاں پر رنگِ سخن میرا قربان

جاسوسی ناول ہوں برقیؔ یا اُن کے گلہائے سُخن

نظم و نثر میں ابنِ صفی کی الگ ہے اک پہچان

***

کیف و سرورِ عشق میں بل کھا کے پی گیا
اُس کی نگاہِ مست سے للچا کے پی گیا

ساقی کے دستِ ناز میں دیکھا جو جامِ مے
قابو رہا نہ دل پہ وہاں جا کے پی گیا

تارِ وجود ہونے لگا مُرتَعِش مرا
اُٹھّی اک ایسی لہر کہ لہرا کے پی گیا

کچھ دیر انتظار کرو آ رہا ہوں میں
وہ مانتا نہیں تھا میں منوا کے پی گیا

اُس نے کہا کہ دُردِ تہہِ جام ہے بچی
میں کہا کہ دے وہی اور لا کے پی گیا

مُجھ کو جنونِ شوق میں آیا نہ کچھ نظر
جو کچھ بھی آیا سامنے جھنجھلا کے پی گیا

مُجھ کو ازل سے بادۂ عرفاں عزیز تھی
دیوانہ وار اِس لئے میں جا کے پی گیا

ٹوٹے کہیں نہ رندِ بلا نوش کا بھرم

برقیؔ وفورِ شوق میں شرما کے پی گیا

***

ہیں اُس کے دستِ ناز میں دلکش حنا کے پھول
اظہارِ عشق اُس نے کیا ہے دکھا کے پھول

بھیجے ہیں خط میں اُس نے جو مُجھ کو چھُپا کے پھول
وجہہِ نشاطِ روح ہیں یہ مدعا کے پھول

ہے مظہرِ خلوص یہ گلدستۂ حسیں
سرمایۂ حیات ہیں درد آشنا کے پھول

اُس کے خرامِ ناز کا عالم نہ پوچھئے
ہیں دلفریب غمزہ و ناز و ادا کے پھول

پاکیزگیِ نفس ہے آرائشِ خیال
ہیں آبروئے حُسن یہ شرم و حیا کے پھول

پھولے پھلے ہمیشہ ترا گلشنِ حیات
میں پیش کر رہا ہوں تجھے یہ دعا کے پھول

ریشہ دوانیوں میں وہ مصروف ہیں مگر
گلشن میں ہم کھلاتے ہیں مہر و وفا کے پھول

برقیؔ ہے بے ثبات یہ دُنیائے رنگ و بو

دیتے ہیں درس ہم کو یہی مسکرا کے پھول

***

بات ہے اُن کی بات پھولوں کی
ذات ہے اُن کی ذات پھولوں کی

وہ مجسم بہار ہیں اُن میں
ہیں بہت سی صفات پھولوں کی

گفتگو اُن کی ایسی ہے جیسے
پھول کرتا ہو بات پھولوں کی

گُل ہیں گُلشن میں رونقِ گلزار
اور وہ ہیں حیات پھولوں کی

غُنچہ و گُل کی یہ فراوانی
جیسے ہو اِک برات پھولوں کی

حُسنِ فطرت کا شاہکار ہیں یہ
روح پرور ہے ذات پھولوں کی

روتی ہے فرطِ غم سے شبنم بھی
دیکھ کر مشکلات پھولوں کی

باغباں کی نظر سے دور رہیں

ہے اِسی میں نجات پھولوں کی

درسِ عبرت ہے اہل دل کے لئے
زندگی بے ثبات پھولوں کی

ہے نشاط آفریں بہت برقیؔ
دلنشیں کائنات پھولوں کی

***

یادِ ماضی ستاتی رہی رات بھر
خواب میں آتی جاتی رہی رات بھر

دیکھ کر اُس کو میں دم بخود رہ گیا
نیند میری اُڑاتی رہی رات بھر

تیرہ و تار تھا خانۂ دل مرا
وہ اُسے جگمگاتی رہی رات بھر

میرے کانوں میں بجتی تھیں شہنائیاں
زیرِ لب گُنگُناتی رہی رات بھر

شمعِ ہستی کی لو جب بھی مدھم ہوئی
وہ جلاتی بُجھاتی رہی رات بھر

جب بھی شیرازۂ دل ہوا مُنتشر

روحِ سخن (غزلیں) 56 احمد علی برقی اعظمی

وہ مسلسل سجاتی رہی رات بھر

میرے تارِ نفس کی وہ مضراب ہے
سازِ دل جو بجاتی رہی رات بھر

تھی وہ شعلہ کبھی اور شبنم کبھی
روٹھتی اور مناتی رہی رات بھر

لے کے صبر و سکوں کا مرے امتحاں
وہ مجھے آزماتی رہی رات بھر

گلشنِ زندگی کی شگفتہ کلی
نِت نئے گل کھلاتی رہی رات بھر

دے کے دستک درِ دل پہ وہ بارہا
مجھ کو برقیؔ جگاتی رہی رات بھر ***

روح پرور ہے اُس کا غمزہ و ناز
شخصیت اُس کی ہے کرشمہ ساز

میرے قلبِ حزیں کا سوز و گداز
اُس پہ ہوتا نہیں اثر انداز

کب وہ چھیڑے گا میرے دل کا ساز
میں ہوں ہر وقت گوش بر آواز

میرا کوئی نہیں ہے محرمِ راز
زندگی ہے پُر از نشیب و فراز

لب پہ میرے لگی ہے مُہرِ سکوت
"نہ گلِ نغمہ ہوں نہ پردۂ ساز"

جس کو دیکھو ہے مصلحت اندیش
ہے جہاں کارگاہِ ناز و نیاز

ذہن قاصر ہے یہ سمجھنے سے
کیا حقیقت ہے اور کیا ہے مجاز

کون کس سے کرے گا حُسنِ سلوک
اب نہ محمود ہے نہ کوئی ایاز

اہلِ فضل و کمال ہیں گمنام
بامِ شہرت پہ ہیں زمانہ ساز

***

ہے ذہن میں میرے ابھی اُس رات کا عالم
برسات میں بیتابیِ جذبات کا عالم

ہے سامنے اُس کی مرے تصویرِ تصور
پُر کیف ہے کس درجہ خیالات کا عالم

جُز اُس کے نہیں اِس کو کوئی چیز بھی مطلوب
ہے عشق کو یہ حُسن کی سوغات کا عالم

ناقابلِ اظہار ہے اب جوشِ جنوں میں
افکارِ پریشاں کی حکایات کا عالم

ہر ایک ادا اُس کی ہے ناقابلِ توصیف
اِس بات کا عالم ہو کہ اُس بات کا عالم

کب ہو گا مرا خواب یہ شرمندۂ تعبیر
جب ہو گا نہ کوئی بھی حجابات کا عالم

ثانی نہیں کوئی بھی تغزل میں جگرؔ کا
کہتا ہے یہ میرے دلِ بیتاب کا عالم

برقیؔ شبِ تنہائی میں یہ شدّتِ احساس
ہے کتنا حسیں یادوں کی بارات کا عالم

***

آزمودہ کو آزماتے کیا؟
موت کو ہم گلے لگاتے کیا؟

دی ہے ہم کو خدا نے عقلِ سلیم
نہ کماتے اگر تو کھاتے کیا؟

ہے یہ مخصوص جانِ جاں کے لئے
جان و دل غیر پر لُٹاتے کیا؟

دیکھ کر اس کو درپئے آزار
گر نہ روتے تو مسکراتے کیا؟

کام مجھ سے اگر نہیں ہوتا
میرے گھر یونہی آتے جاتے کیا؟

رقص کرنا جنھیں نہیں آتا
انگلیوں پر انھیں نچاتے کیا؟

ہم کو تفریح کا نہیں کیا حق؟
بارِ غم عمر بھر اٹھاتے کیا؟

ہیں جو اپنے وجود کا حصہ
ان کو ہم یونہی بھول جاتے کیا؟

ہم ہیں ان کے مزاج سے واقف
مانتے گر نہ وہ مناتے کیا؟

نعمتِ حق کا شکر ہے واجب
عاقبت اپنی ہم گنواتے کیا؟

برق برقیؔ کے آگے پیچھے تھی

خانۂ دل کو وہ سجاتے کیا؟ ***

اُس نے کیا ہے وعدۂ فردا آنے دو اُس کو آئے تو
نام بدل دینا پھر میرا لوٹ کے واپس جائے تو

عرضِ تمنا کریں گے اُس سے اگر نہ وہ ٹھکرائے تو
اُس سے ضرور ملیں گے جا کر پہلے ہمیں بُلائے تو

عزتِ نفس کا ہے یہ تقاضا حُسن سلوک کریں دونوں
اُس کو ہم لبیک کہیں گے رسمِ وفا نبھائے تو

صفحۂ ذہن پہ نقش ہے اُس کا میرے ابھی تک نازو نیاز
جیسے شرماتا تھا پہلے ویسے ہی شرمائے تو

روٹھنے اور منانے کے احساس میں ہے اک کیف و سرور
میں نے ہمیشہ اُسے منایا وہ بھی مجھے منائے تو

کیوں رہتا ہے مجھ سے بد ظن ہے جو مرا منظورِ نظر
کچھ نہیں آتا میری سمجھ میں کوئی مجھے سمجھائے تو

خونِ جگر سے سینچوں گا گلزارِ تمنا اُس کے لئے
باغِ حیات میں گلِ محبت آ کر مرے کھلائے تو

فصلِ خزاں میں کیا ہو گا آثار نمایاں ہیں جس کے
فصلِ بہار میں برقیؔ اپنے دل کی کلی مُرجھائے تو

***

بعد مدت کے ہوا ہے ختم میرا انتظار
آپ کی چشمِ کرم ہو یونہی مجھ پر بار بار

دامنِ دل میں نہ اُلجھے زندگی بھر کوئی خار
آپ جیسے آج ہیں کل بھی ہوں ویسے گُلعذار

اب بتائیں آپ کیا سرزد ہوئی مُجھ سے خطا
یاد رکھوں تا کہ آئندہ نہ ہو کچھ ناگوار

آپ کا شرمندۂ تعبیر ہو ہر ایک خواب
طبعِ نازک پر نہ ہو میری وجہہ سے کوئی بار

آپ کا باغِ تمنا عمر بھر پھولے پھلے
زندگی کا ماحصل ہو آپ کی بس صرف پیار

منتشر شیرازۂ ہستی نہ ہو یہ آپ کا
ہو فضائے گردشِ دوراں ہمیشہ سازگار

آپ ہوں ہرگز نہ طوفانِ حوادث کے شکار
چہرۂ زیبا نہ ہو آلودۂ گرد و غبار

ہے دُعا احمد علی برقیؔ کی یہ صبح و مَسا
قایم و دایم رہے یہ آپ کا عز و وقار

٭٭٭

مت کرو سرکشی بس بہت ہو گئی
چھوڑ دو دشمنی بس بہت ہو گئی

جا رہے ہو کہاں مجھ سے منھ موڑ کر
کیوں ہے یہ بے رُخی بس بہت ہو گئی

آؤ بیٹھو چلے جانا پھر بعد میں
اُف یہ ناراضگی بس بہت ہو گئی

دیکھو اچھی نہیں ہے تمھاری روش
اِس قدر بیحسی بس بہت ہو گئی

جوش اچھا نہیں ہوش سے کام لو
اب یہ دریا دلی بس بہت ہو گئی

اشہبِ وقت اتنا نہ اِترا کے چل
تیری یہ خودسری بس بہت ہو گئی

وقت کے ساتھ یہ زخم بھر جائیں گے
تیری چارہ گری بس بہت ہو گئی

پک گئے کان سُن سُن کے برقیؔ کے اب
تیری یہ راگنی بس بہت ہو گئی

٭٭٭

بہت رفتار تھی یوں تو ہوا کی
مری شمعِ وفا پھر بھی جلا کی

ہے اُس میں جاذبیت اِس بلا کی
"بگڑنے پر بھی زُلف اُس کی بَنا کی

نہ دے دھمکی مجھے جورو جفا کی
بتا مجھ سے یہ میں نے کیا خطا کی

رضائے یار میں میری رضا ہے
سزا کی بات ہو یا ہو جزا کی

اسے ہے دستِ قُدرت نے سنوارا
وہ ہے تصویر اک ناز و ادا کی

مرا خونِ جگر ہے اس میں شامل
نظر آتی ہے جو سرخی حِنا کی

میں جس سے کر سکوں عرضِ تمنا
ضرورت ہے اسی دردآشنا کی

بتا دے اے ستمگر اب خدارا
کوئی حد بھی ہے اس جور و جفا کی

ہے شیوہ جس کا برقیؔ بے وفائی
توقع اس سے کیا مہر و وفا کی

***

غم و آلام کی بارات نے سونے نہ دیا
مستقل گردشِ حالات نے سونے نہ دیا

گھر گیا موجِ حوادث میں سفینہ میرا
ناگہاں یورشِ برسات نے سونے نہ دیا

جس سے آنا تھا اُسے ہے یہ وہی راہگذر
اُس کے قدموں کے نشانات نے سونے نہ دیا

قصرِ دل نذرِ فسادات ہوا ہے جب سے
مُجھ کو گُذرے ہوئے لمحات نے سونے نہ دیا

ہیں سوالات کئی جن کا نہیں کوئی جواب
بار بار ایسے سوالات نے سونے نہ دیا

پھر مری گُمشدہ میراث ملے گی کہ نہیں
اِنھیں فرسودہ خیالات نے سونے نہ دیا

صبحِ اُمید کب آئے گی نہیں کچھ معلوم
رات بھر مجھ کو اِسی بات نے سونے نہ دیا

دل سے ہوتے ہی نہیں محو یہ یادوں کے نقوش
گرمیِ شدّتِ جذبات نے سونے نہ دیا

مجھ پہ جو گزری ہے گزرے نہ کسی پر برقیؔ
خدشۂ ترکِ ملاقات نے سونے نہ دیا

***

گُلبدن، غنچہ دہن اور گلابی چہرہ
سرسے پا تک تھا وہ گُل پوش کتابی چہرہ

غمزہ و ناز و ادا اُس کے تھے غارت گرِ ہوش
جلوہ گر بزم میں تھا نیم حجابی چہرہ

دیکھ کر اُس کو کسی گُل کی تمنا نہ رہی
آج تک دیکھا نہیں ایسا جوابی چہرہ

رونقِ گلشنِ ہستی تھا وہ روئے زیبا
پیکرِ حُسنِ گُلِ تَر تھا گلابی چہرہ

ایسا مشاطۂ فطرت نے سنوارا تھا اُسے
دُرِّ شہوار کی مانند تھا آبی چہرہ

وہ تھی تصویرِ تصور جو مرے خواب میں تھی
ہوا بیدار تو غائب تھا حبابی چہرہ

صفحۂ ذہن پہ محفوظ ہیں یادیں اُس کی
مثلِ گُل تھا تر و تازہ وہ شبابی چہرہ

دم بخود دیکھ کے برقیؔ تھا نگاہیں اُس کی
جیسے ہو میکدہ بردوش شرابی چہرہ

***

گزرے جدھر جدھر سے وہ زلفیں سنوار کے
تھے مُشکبار جھونکے نسیمِ بہار کے

چشمِ تصورات میں بیحد حسین تھے
نقش و نگار چہرۂ زیبائے یار کے

ہوتے ہیں بحرِ عشق میں جذبات موجزن
نازو نیاز ہوتے ہیں پُر کیف پیار کے

دُنیائے رنگ و بو کا یہ کیسا نظام ہے
گل ساتھ ساتھ رہتے ہیں ہر وقت خار کے

سوزِ دروں ہے اُس کی نگاہوں سے آشکار
"وہ جا رہا ہے کوئی شبِ غم گذار کے"

تیرِ نظر کا گہرا تھا اس درجہ اُس کے وار
اب تک ہرے ہیں زخم دلِ داغدار کے

کچھ بھی ہوا نہ جذبۂ اخلاص کا اثر
دیکھا متاعِ قلب و جگر اُس پہ وار کے

قول و قسم کا اُس کے نہیں کوئی اعتبار
اوقات تلخ ہیں یہ شبِ انتظار کے

ترکِ تعلقات کی دھمکی نہ دے مجھے
سوہانِ روح ہیں یہ ستم بار بار کے

آشوبِ روزگار سے ہے بند ناطقہ
مارے سبھی ہیں گردشِ لیل و نہار کے

ہے فیضیاب فیضؔ سے برقیؔ کا فکر و فن
ہم قدرداں ہیں نابغۂ روزگار کے

***

ہے جانگداز بہت مل کے یہ جُدا ہونا
"یہ کس سے آپ نے سیکھا ہے بے وفا ہونا"

بہت لطیف ہے فنکار و فن کا یہ رشتہ
مجھے عزیز ہے دونوں کا ایک سا ہونا

کیا ہے خونِ جگر اس نے دلربائی سے
نہ آیا راس مجھے اس کا دلربا ہونا

تھے دم بخود سبھی جلوہ نمائی سے اس کی

عجب تھا محفلِ یاراں میں رونما ہونا
تھا زندگی کا مری یادگار وہ لمحہ
وہ اس کو دیکھ کے اک حشر سا بپا ہونا

جسے سمجھتا تھا اپنا وہ غیر کا نکلا
ہے اک فریبِ نظر اس کا کیا سے کیا ہونا

اچانک آئینہ جھُنجھلا کے اس نے پھینک دیا
جب اُس پہ فاش ہوا اُس کا خود نما ہونا

وہ مل کے دے گیا داغِ مفارقت مجھ کو
نتیجہ آہ کا تھا میری نا رسا ہونا

تھا میری کشتیِ دل کا جو نا خدا برقیؔ
نہ آیا کام مرے اُس کا نا خُدا ہونا

***

پردہ رخِ زیبا سے اُس کے نہ اُٹھا ہوتا
ملتا ہی نہیں یا پھر، مل کر نہ جُدا ہوتا

رکھ لیتا بھرم میرا کچھ دیر کو آ جاتا
"یا رب غمِ ہجراں میں اتنا تو کیا ہوتا"

کیا اُس کو ملا آخر اِس خونِ تمنا سے

بات اُس کی بھی بن جاتی، حق میرا ادا ہوتا
تصویرِ تصور بھی اب اُس کی نہیں باقی
یہ خانۂ دل ایسا ویراں نہ ہوا ہوتا

دل میرا نہیں ہوتا افسردہ و پژمردہ
گلزارِ محبت میں گل کوئی کھلا ہوتا

اُلجھے رہے ہم دونوں دُنیا کے جھمیلے میں
جو ترکِ تعلق ہے ہرگز نہ ہوا ہوتا

گھُٹ گھُٹ کے نہیں جیتے دونوں شبِ فرقت میں
اظہارِ محبت پر گر وہ نہ خفا ہوتا

برقیؔ کی جو حسرت تھی دل ہی میں رہی اُس کے
کچھ اُس نے کہا ہوتا،کچھ میں نے سنا ہوتا

***

پیشِ آئینہ شبِ وصل سنورتا ہوا تو
دیکھ کر تجھ کو پسِ پُشت نِکھرتا ہوا میں

اسی اُمید میں تو جلوہ نما ہو شاید
تیرے کوچے سے بصد شوق گذرتا ہوا میں

دیکھ کر نخلِ تمنا میں خزاں کے آثار

گُلِ صد پارہ کی مانند بکھرتا ہوا میں

پہلے آ جاتا تو پیش آتی نہ ایسی صورت
ہو گیا زندہ تجھے دیکھ کے مرتا ہوا میں

سن کے تجدیدِ روابط کی خبر لوٹ آیا
بحرِ ذخار میں کشتی سے اُترتا ہوا میں

شکریہ تیرا کہ تو نے مری دلجوئی کی
جب گیا جلوہ گہہِ ناز میں ڈرتا ہوا میں

جانے کب ڈوب گیا جھیل سی آنکھوں میں تری
خانۂ دل کے دریچے میں ٹھہرتا ہوا میں

ڈھونڈتے پھرتے تھے برقیؔ کا پتہ اُس کے رقیب
چل دیا زینۂ شہرت سے اُترتا ہوا میں

***

اک یادوں کی بارات اِدھر بھی ہے اُدھر بھی
اب شدتِ جذبات اِدھر بھی ہے اُدھر بھی

میرے دلِ صد پارہ کے ٹکڑے ہیں ہر اک سمت
تقسیم کی سوغات اِدھر بھی ہے اُدھر بھی

کیوں امن کے دشمن ہیں بہم دست و گریباں

دہشت کی خرافات اِدھر بھی ہے اُدھر بھی

آسودہ نہیں کوئی بھی حالات سے اپنے
کہنے کو مساوات اِدھر بھی ہے اُدھر بھی

نفرت کی یہ دیوار گرا کیوں نہیں دیتے
جو وجہِ فسادات اِدھر بھی ہے اُدھر بھی

اب جذبۂ ایثار و محبت ہے ضروری
خمیازۂ شُبہات اِدھر بھی ہے اُدھر بھی

یہ ترکِ تعلق کا نتیجہ ہے کہ جس سے
اب شوقِ ملاقات اِدھر بھی ہے اُدھر بھی

ہے رات ابھی آئے گی کب صبحِ بہاراں
ہر دل میں یہی بات اِدھر بھی ہے اُدھر بھی

جھگڑا ہے کہیں رنگ کہیں نسل کا برقیؔ
اک یورشِ آفات اِدھر بھی ہے اُدھر بھی

***

آتشِ شوق میں جلتے ہیں تو جلتے رہیے
شمع کی طرح پگھلتے ہیں پگھلتے رہیے

ڈھلتے سورج کی طرح ڈھلتے ہیں ڈھلتے رہیے

پلٹتے ہیں گردشِ حالات میں پلٹتے رہیے
جادۂ عشق میں گِر گِر کے سنبھلتے رہیے
موجِ طوفانِ حوادث سے نکلتے رہیے

دیکھ کر خواب یہ فی الحال بہلتے رہیے
ہے اگر شوق مچلنے کا مچلتے رہیے

عزمِ راسخ ہے تو مل جائے گی منزل خود ہی
زندگی نام ہے بس چلنے کا چلتے رہیے

سامنے آئے گا اک روز مکافاتِ عمل
غُنچہ و گل کو مسلتے ہیں مسلتے رہیے

آپ کو کس نے بُلایا تھا یہاں کیوں آئے
آپ آئے ہیں تو ٹہلنے تو ٹہلتے رہیے

رات باقی ہے ابھی آپ سحر ہونے تک
کھایئے، پیجیئے اور پھولتے پھلتے رہیے

اُس نے برقیؔ کو دیا عرضِ تمنا کا جواب
کروٹیں یوں ہی شبِ ہجر بدلتے رہیے

***

گلبدن، غنچہ دہن، سروِ خراماں جاناں

روحِ سخن (غزلیں) 73 احمد علی برقی اعظمی

سر سے پا تک ہے ترا حُسن نمایاں جاناں
دُرِ دنداں سے خجل دُرِ عدن ہے تیرے
روئے انور ہے ترا لعلِ بدخشاں جاناں

چشمِ میگوں سے ہے سرشار یہ پیمانۂ دل
روح پرور ہے فروغِ رُخِ تاباں جاناں

دیکھ کر بھول گیا تجھ کو سبھی رنج و الم
سر بسر تو ہے علاجِ غمِ دوراں جاناں

تیرہ و تار تھا کاشانۂ دل تیرے بغیر
رُخِ زیبا ہے ترا شمعِ شبستاں جاناں

لوٹ آئی ہے ترے آنے سے اب فصلِ بہار
تھا خزاں دیدہ مرے دل کا گلستاں جاناں

ہیچ ہیں سامنے تیرے یہ حسینانِ جہاں
میری نظروں میں ہے تو رشکِ نگاراں جاناں

کچھ نہیں دل میں مرے تھوک دے غصہ تو بھی
میں بھی نادم ہوں اگر تو ہے پشیماں جاناں

موجِ طوفانِ حوادث سے گذر جاؤں گا
کشتیِ دل ہے یہ پروردۂ طوفاں جاناں

تو ہی ہے خواب کی تعبیرِ مجسم میرے
ماہِ تاباں کی طرح جو ہے درخشاں جاناں

یہ مرا رنگِ تغزل ہے تصدق تجھ پر
سازِ ہستی ہے مرا تجھ سے غزل خواں جاناں

ہے کہاں طبعِ رسا میری کہاں رنگِ فرازؔ
یہ جسارت ہے مری جو ہوں غزل خواں جاناں

روح فرسا ہے جدائی کا تصور برقیؔ
"دل پُکارے ہی چلا جاتا ہے جاناں جاناں"

***

طوفانِ حوادث کا دل میرا نشانا ہے
"اِک آگ کا دریا ہے اور ڈوب کے جانا ہے"

جو وعدہ خلافی میں رسوائے زمانا ہے
ہر حال میں اب اُس کو آئینہ دکھانا ہے

یہ وعدۂ فردا تو بس ایک بہانا ہے
کب اس سے مُکر جائے کیا اُس کا ٹھکانا ہے

ہے شیشۂ دل نازک ڈر ہے نہ چٹک جائے
تازہ ہے جگر کاوی یہ زخم پُرانا ہے

نا کردہ گناہی کی دینی ہے سزا مُجھ کو
کوئی نہ کوئی آخر گُل اُس کو کھلانا ہے

ہے پیشِ نظر میرے حق گوئی و بیباکی
منھ داورِ محشر کو اک روز دکھانا ہے

اشعار جگرؔ کے ہیں معراجِ غزلخوانی
اعجازِ سخن اُن کا مشہورِ زمانا ہے

میں لے بھی نہیں سکتا ٹھکرا بھی نہیں سکتا
قسمت میں مری برقیؔ کھونا ہے نہ پانا ہے

****

"آر۔ ٹی۔ آئی۔" کریں گے اقتدار آنے کے بعد
سُنتے ہیں دھُنتے ہیں سر وہ میرا سر جانے کے بعد

زندگی میں اہلِ فن کو پوچھتا کوئی نہیں
قدر کرتی ہے یہ دُنیا اُن کے مر جانے کے بعد

روح میں پیوست ہو جاتا ہے یہ جوشِ جنوں
"کب نکلتا ہے کوئی دل میں اُتَر جانے کے بعد"

شامِ فُرقت اُن کی تصویرِ تصور کا خیال
خانۂ دل سے مرے جاتا نہیں آنے کے بعد

اب سمجھ میں آیا اسرارِ خودی کا فلسفہ
خود سے بیخود ہو گیا ہوں میں اُنھیں پانے کے بعد

شاعر و فنکار میں ہے آج کیوں یہ امتیاز
کہتے ہیں جگجیت سنگ کی ہے غزل، گانے کے بعد

اُن کی علمی اور ادبی کاوشیں ہیں فالِ نیک
خدمتِ اُردو جو کرتے ہیں "قطر" جانے کے بعد

کاٹنے کو دوڑتے ہیں ایسے میں دیوار و در
جب نہیں ہوتا ہے برقیؔ کوئی گھر جانے کے بعد

***

دُنیائے رنگ و بو میں جہاں جا رہا ہوں میں
ہر سو وہاں فریبِ نظر کھا رہا ہوں میں

دیوانہ وار بڑھتے ہیں اُس کی طرف قدم
"لے جا رہا ہے شوق چلا جا رہا ہوں میں"

تسخیرِ قلب کر کے دکھاتا ہے سبز باغ
کس جرم کی نہ جانے سزا پا رہا ہوں میں

دے دے کہیں نہ پھر مجھے داغِ مفارقت
اب سوچ کر یہی گھبرا رہا ہوں میں

چھوڑا نہیں تھا اس نے کہیں کا مجھے مگر
مردانہ وار پھر بھی جئے جا رہا ہوں میں

کیوں میں نے اس سے رکھی تھیں اتنی توقعات
اپنے خیالِ خام پہ پچھتا رہا ہوں میں

نام و نشاں مٹانے پہ میرا تُلا ہے وہ
پھر بھی اُسی کا نام لئے جا رہا ہوں میں

دستِ سوال کیسے کروں گا دراز اب
برقیؔ اسی خیال سے شرما رہا ہوں میں

***

اب اور اُس سے یہ کہہ دو نہ وہ ستائے مجھے
جو آ گیا ہے تو پھِر چھوڑ کر نہ جائے مجھے

حوادثِ غمِ جاناں سے وہ بچائے مجھے
نہ پھِر سے کُشتۂ تیرِ نظر بنائے مجھے

دکھا چُکا ہے بہت سبز باغ پہلے ہی
نہ اپنی اور قلابازیاں دکھائے مجھے

سُنایا کرتا تھا جو نغمہ ہائے گوش نواز
یہ کہہ دو اُس سے وہی آ کے پھر سُنائے مجھے

نقوش یادوں کے ہیں ثبت لوحِ دل پہ مری
گر اُس کے بس میں بھُلانا ہے بھول جائے مجھے

رگوں میں خوں ہے مرا جیسے آتشِ سیّال
نہ اور آتشِ فُرقَت میں اب جلائے مجھے

کہاں ہے پیکِ صبا کیوں نظر نہیں آتا
پیام اُس کا کہیں سے بھی آج لائے مُجھے

کنارہ کَش ہے وہ برقیؔ سے کس لئے آخر
بتا سکے وہ اگر تو کہو بتائے مجھے

***

دل میں سوئے ہوئے جذبات مچل جاتے ہیں
"ہم چراغوں کی طرح شام سے جل جاتے ہیں"

دینے والے ہیں وہ دستک درِ دل پر اپنے
سُن کے یہ مژدۂ جاں بخش بہل جاتے ہیں

اوج پر ہوتا ہے قسمت کا ستارہ شبِ وصل
ڈھلتے سورج کی طرح ہجر میں ڈھل جاتے ہیں

اُس کی تصویرِ تصور کے تعاقُب میں کبھی
ہو کے مسحور بہت دور نکل جاتے ہیں

وقت پر کام نہیں آتا وہ اکثر میرے
آج جاتے ہیں، کبھی کہتا ہے کل جاتے ہیں

غمزہ و ناز و ادا ہوش رُبا ہیں اُس کے
خود بخود جو مرے اشعار میں ڈھل جاتے ہیں

ہوش کھوتے نہیں، ہم جوشِ جنوں میں اپنے
گِرتے گِرتے بھی سرِ راہ سنبھل جاتے ہیں

جو ہیں شہزور وہ کمزور پہ کرتے ہیں ستم
حادثے عزمِ جواں دیکھ کے ٹل جاتے ہیں

محفلِ شعر و سُخن سے ہے جنہیں آج شغف
لے کے وہ زیرِ بغل میری غزل جاتے ہیں

وقت یکساں نہیں رہتا ہے ہمیشہ برقیؔ
دیکھتے دیکھتے حالات بدل جاتے ہیں

***

اُسے پھر بُلانے کو جی چاہتا ہے
غمِ دل سنانے کو جی چاہتا ہے

جو اب تک مجھے آزماتا رہا ہے
اسے آزمانے کو جی چاہتا ہے

نہ جانے وہ کیوں مجھ سے روٹھا ہوا ہے
اُسے پھر منانے کو جی چاہتا ہے

چُراتا ہے نظریں مگر میرا اُس سے
"نگاہیں ملانے کو جی چاہتا ہے"

جہاں پر ابھی تک رسائی نہیں ہے
وہاں آنے جانے کو جی چاہتا ہے

تُلا ہے وہ مجھ کو رُلانے پہ لیکن
مرا مسکرانے کو جی چاہتا ہے

وہ رہ رہ کے اب یاد آتا ہے مجھ کو
جسے بھول جانے کو جی چاہتا ہے

نہیں مانتا تو مناؤں میں کیسے
جو کھویا ہے پانے کو جی چاہتا ہے

میں سوزِ دروں اپنا کس کو سناؤں
جو برقیؔ سنانے کو جی چاہتا ہے

***

ساتھ ہے میرے مرا عزمِ جواں
چل رہا ہے زندگی کا کارواں

سُن سکیں گے آپ میری شرحِ حال
ہے نہایت تلخ اس کی داستاں

آپ کہیئے سن کے میں دوں گا جواب
بول سکتا ہوں نہیں ہوں بے زباں

اعترافِ جُرم کروائیں گے آپ
کیا ملاؤں آپ کی میں ہاں میں ہاں

فطرتاً خاموش ہوں بُزدل نہیں
لے رہے ہیں آپ میرا امتحاں

خونِ ناحق کیوں بہاتے ہیں مرا
جائے گا ہرگز نہیں یہ رایگاں

سُرخیِ خوں ہے مری یہ دیکھیئے
جو چمکتی ہے بشکلِ کہکشاں

دیکھیئے اپنا گریباں جھانک کر
آپ مت مُجھ پر اُٹھائیں اُنگلیاں

کہیئے وہ بھی آپ پر کر دوں نثار
آپ کیا اب لیں گے مُجھ سے میری جاں

آپ کے سرچشمۂ گفتار سے

موجزن ہیں تلخیاں ہی تلخیاں
نام ہے احمد علی برقیؔ مرا
برق کی زد پر ہے میرا آشیاں

***

پھر وہی شدتِ جذبات کہاں سے لاؤں
جیسے پہلے تھے وہ حالات کہاں سے لاؤں

لوحِ دل پر جو مری نقش ہیں یادوں کے ہجوم
آہ پھر سے وہی لمحات کہاں سے لاؤں

یادِ ماضی نہ مجھے چین سے جینے دے گی
روح پرور وہ خیالات کہاں سے لاؤں

اب بھی تصویرِ تصور ہے مری آنکھوں میں
بھولتی ہی نہیں جو بات کہاں سے لاؤں

دیکھتے دیکھتے پتھرا گئیں آنکھیں میری
جانے کب ہو گی ملاقات کہاں سے لاؤں

غمِ امروز ہے اور عشرتِ فردا کا خیال
اِن سوالوں کے جوابات کہاں سے لاؤں

دیکھنا اُس کا وہ دُزدیدہ نگاہوں سے مجھے
روح افزا وہ حجابات کہاں سے لاؤں

منتشر ہو گئے اوراقِ کتابِ ہستی
ساتھ دیتے نہیں حالات کہاں سے لاؤں

خانۂ دل میں سجائی تھی جو سوغات اُسے
ہو گئی نذرِ فسادات کہاں سے لاؤں

بھولتا ہی نہیں یادوں کا تسلسل برقیؔ
اب دوبارہ وہ حسیں رات کہاں سے لاؤں

***

جنونِ شوق میں کیسے رہوں کہو تو کہوں
سناؤں کیسے میں سوزِ دروں کہو تو کہوں

شبِ فراق گزرتی ہے کس طرح میری
تمھیں بتاؤ میں کیسے سہوں کہو تو کہوں

میں تم سے ترکِ تعلق نہ کر سکوں کا کبھی
تمھارا فیصلہ یا ہے سنوں کہو تو کہوں

وفا شعار ہوں ہر حال میں تمھارا ہوں
تمھارا کیسے سہارا بنوں کہو تو کہوں

نہیں تضاد کوئی قول و فعل میں میرے
میں جیسے پہلے تھا ویسے ہی ہوں کہو تو کہوں

روحِ سخن (غزلیں) 84 احمد علی برقی اعظمی

بہت سے میں نے نشیب و فراز دیکھے ہیں
گذر نہ جائے کہیں موجِ خوں کہو تو کہوں

نوائے شوق کبھی تلخ ہے کبھی شیریں
ملے کا قلبِ حزیں کو سکوں کہو تو کہوں

سفینہ موجِ حوادث میں گرچہ ہے برقیؔ
نہیں میں ہوں گا کبھی سرنگوں کہو تو کہوں

***

وہ تھکتا نہیں داستاں کہتے کہتے
میں عاجز ہوں اب ہاں میں ہاں کہتے کہتے

رہی بے اثر میری عرضِ تمنا
میں چُپ ہو گیا جانِ جاں کہتے کہتے

ہوا لب کُشا جیسے ہی میں یکایک
نہ جانے گیا وہ کہاں کہتے کہتے

نہ جانے کرے کب وہ احوال پُرسی
میں اب ہو گیا نیم جاں کہتے کہتے

ہمیشہ جو بھرتا تھا دم دوستی کا
وہ کیوں ہو گیا بدگماں کہتے کہتے

کہوں اُس کو اب کس طرح دشمنِ جاں
ہمیشہ اُسے مہرباں کہتے کہتے

بھرم کھو دیا تم نے میری وفا کا
لیا اُس نے یوں امتحاں کہتے کہتے

کرے گا وہ برقؔی کی کب دستگیری
ہوئی خُشک اُس کی زباں کہتے کہتے

***

زندگی کا کارواں کل ہو نہ ہو
تیری عظمت کا نشاں کل ہو نہ ہو

خوب جی بھر کر منا لے آج جشن
تجھ پہ کوئی مہرباں کل ہو نہ ہو

بجلیوں کی زد پہ ہے اب آشیاں
تیرے سر پر سائباں کل ہو نہ ہو

آج کر لے جو بھی کرنا ہے تجھے
یہ ترا عزمِ جواں کل ہو نہ ہو

چل رہی ہے ہر طرف بادِ سموم
پھر ترا نام و نشاں کل ہو نہ ہو

اوج پر ہے اب گلوبل وارمنگ
رونقِ بزمِ جہاں کل ہو نہ ہو

خوابِ غفلت سے جگاؤں کیا تجھے
تیرا یہ خوابِ گراں کل ہو نہ ہو

پاس کر لے امتحانِ زندگی
ایسا کوئی امتحاں کل ہو نہ ہو

کر لے برقیؔ آج اپنی عرضِ حال
منہ میں تیرے یہ زباں کل ہو نہ ہو

***

میرے جنونِ شوق نے میرا وہ حال کر دیا
حسرتِ دید نے مرا جینا مُحال کر دیا

کر دیا مُجھ کو دم بخود اُس کی نگاہِ ناز نے
جس کی نہ تھی کوئی اُمید ایسا سوال کر دیا

بزمِ تصورات کے رنگ میں بھنگ ڈال کر
عیش و نشاط کو مرے خواب و خیال کر دیا

مُجھ کو دکھا کے سبز باغ دیتا رہا فریب وہ
اوجِ کمال کو مرے جس نے زوال کر دیا

ایسا لگا مجھے مری نبضِ حیات رُک گئی
جسم کا میرے مُرتعش بال بال کر دیا

تیرگیِ شب کے بعد صُبحِ اُمید کی خبر
بادِ صبا نے آ کے دی جس نے نِہال کر دیا

سامنے حُسن و عشق تھے صِرف حریمِ ناز میں
جس نے مرا بحال پھر ذوقِ جمال کر دیا

سازِ حیات چھیڑ کر نغمۂ جانفزا سے پھر
برقیؔ کا دور اُس نے سب حُزن و ملال کر دیا

***

رو پڑا ناگہاں مُسکرانے کے بعد
یاد آئی بہت اُس کی جانے کے بعد

میری آنکھیں کھُلی کی کھُلی رہ گئیں
وہ نظر آیا جب اِک زمانے کے بعد

روح پرور تھا اُس کا یہ طرزِ عمل
روٹھ جانا دوبارہ منانے کے بعد

روٹھنے اور منانے کی دلکش ادا
ہے بہت دلنشیں دل لگانے کے بعد

دل کو دل سے ملاتی ہے یہ دل لگی
اُس کا ہونا پشیماں ستانے کے بعد

تلخ و شیریں ہے روودادِ دلبستگی
منکشف یہ ہوا آزمانے کے بعد

حاصلِ زندگی تھا یہ میرے لئے
شمعِ دل کو جلانا بُجھانے کے بعد

کیفیت دل کی تھی میرے نا گُفتہ بہہ
جب نہ آیا تھا وہ،اُس کے جانے کے بعد

شخصیت کا مری بن گیا ایک جز
میرے قلب و جگر میں سمانے کے بعد

ہے یہ برقیؔ حسینوں کی فطرت کا جز
وعدہ کر کے نہ آنا بُلانے کے بعد

***

آ گئی فصلِ خزاں ہیں فصلِ گل جانے کے دن
غنچۂ اُمید کے آتے ہیں مُرجھانے کے دن

ہے شبِ فُرقت ابھی آئے گی کب صُبحِ اُمید
کتنے دلکش تھے وہ زُلفِ یار سُلجھانے کے دن

قدر و قیمت سے تھے جس کی آج تک نا آشنا
دیکھ کر اب آ گئے ہیں اُس کو للچانے کے دن

جاتے جاتے کہہ گیا تھا آئے گا واپس ضرور
گِن رہا ہوں اُس کے اب میں لوٹ کر آنے کے دن

کیا تھی ذہنی کیفیت میری بتاؤں کیا تجھے
پہلے جب آیا نہ تھا وہ بعد از آں جانے کے دن

وہ جو تھا نا عاقبت اندیش اب اُس کے لئے
آتے ہیں ہر ہر قدم پر ٹھوکریں کھانے کے دن

تھا بہت مسرور لیکن اب ہوں اُتنا ہی مُلول
جیسے جیسے آتے ہیں نزدیک تر جانے کے دن

آ رہا ہے مُحتسب ہو خیر میخانے کی اب
ایسا لگتا ہے گئے اب جام و پیمانے کے دن

مُسکرا کر صُلح جوئی کا دیا اُس نے جواب
اب گئے برقؔی سمجھنے اور سمجھانے کے دن

***

تھی منتظر نگاہ یہ اُس گُلعذار کی
روداد ہے یہ میری شبِ انتظار کی

تھی حیثیت وہاں مری مُشتِ غبار کی
"برباد خاک ہو گئی اس خاکسار کی"

میں نے متاعِ زندگی جس پر نثار کی
اُس کو خبر نہیں ہے مرے حالِ زار کی

ناقابلِ بیاں ہے بتاؤں میں کس طرح
کیا کیفیت ہے میرے دلِ بیقرار کی

سب مصلحت پسند تھے جو بھی مجھ ملا
دیکھی نہیں ہے شکل کسی غمگسار کی

شہہ پر کسی کی مُجھ کو کیا ہے لہو لہان
ورنہ یہ کیا مجال تھی گُلشن میں خار کی

بزمِ سُخن قطر میں ہے اس بات کا ثبوت
وارفتگی وہاں بھی ہے اُردو سے پیار کی

میں دیکھتا ہی رہ گیا برقیؔ کھڑے کھڑے
فصلِ خزاں نے آ کے جگہ لی بہار کی

***

ہو گئی حسرتِ دل خواب و خیال
اِس مصیبت سے مجھے آ کے نکال

آج حاصل ہے تجھے اوجِ کمال
دیر لگتی نہیں آنے میں زوال

عرش سے فرش پہ آ جائے گا
دیرپا ہوتا نہیں جاہ و جلال

دامِ تزویر بچھا رکھا ہے
ٹوٹ جائے گا بہت جلد یہ جال

غمِ جاناں ہے بہت دور کی بات
غمِ دوراں سے طبیعت ہے نڈھال

یادِ ماضی نہیں جینے دیتی
حالِ دل کیسے کروں اپنا بحال

کر کے گرویدہ مجھے کہتا ہے
تو ملائے گا نظر تیری مجال

کیا کروں کیا نہ کروں کیسے جیوں
ہے یہ میرے لئے اب امر مُحال

عزتِ نفس ہے برقیؔ کو عزیز
وہ اُٹھائے گا نہیں دستِ سوال

***

یہ حقیقت ہے کوئی خواب نہیں
"دل سے بہتر کوئی کتاب نہیں"

چھوڑ کر جب سے وہ گیا ہے اسے
خانۂ دل میں آب و تاب نہیں

ہے یہی زندگی کا سرچشمہ
آج کل جو بجز سراب نہیں

آج ہے کل رہے رہے نہ رہے
دیرپا حُسن اور شباب نہیں

تب سے بے خواب ہیں مری آنکھیں
جب سے وہ رشکِ ماہتاب نہیں

اُس کی آنکھوں میں ہے جو کیف و سرور
اس سے بہتر کوئی شراب نہیں

دل کی دُنیا ہے آج زیر و زَبَر
کون کہتا ہے انقلاب نہیں

اس کی فطرتِ ہے سیماب
دل نہیں جس میں اضطراب نہیں

صفحۂ دل پہ نقش ہیں جو نقوش

اُن کا برقیؔ کوئی جواب نہیں

***

آتے ہو کہ ہم آ جائیں کیا
گھُٹ کے یونہی مر جائیں کیا

تم سن نہ سکو گے ضد نہ کرو
ہم حالِ زبوں سنائیں کیا

کیا حال ہمارا ہجر میں ہے
خود سمجھ لو ہم سمجھائیں کیا

اب پاس ہمارے کیا ہے بچا
ہم کھوئیں کیا اور پائیں کیا

یہ روز کی ان کی عادت ہے
روٹھے ہیں انہیں منائیں کیا

حالات دگرگوں ہیں اپنے
کیا کھائیں اور کمائیں کیا

کشتی کا خدا محافظ ہے
طوفانوں سے ٹکرائیں کیا

اب سورج سر پر آ پہنچا

اُٹھ جاؤ تمھیں اُٹھائیں کیا

وہ خانۂ دل میں تمھارے ہے
برقیؔ سے تمھیں ملائیں کیا

٭٭٭

راز داں کوئی نہ ہو آرامِ جاں کوئی نہ ہو
ہے بہت صبر آزما جب ہم زباں کوئی نہ ہو

ہے زباں جس پر ہے عرضِ مُدعا کا انحصار
اس لئے میری دعا ہے بے زباں کوئی نہ ہو

کوچۂ جاناں میں جس سے سابقہ ہم کو پڑا
سخت ایسا زندگی کا امتحاں کوئی نہ ہو

خانۂ دل یہ کرے کس کی ضیافت اب وہاں
میزبانی کے لئے جب میہماں کوئی نہ ہو

ہو گیا ہے اُس کو شاید بد گُمانی کا مَرَض
جیسا وہ بد ظن ہے ایسا بدگماں کوئی نہ ہو

تنگ ہے اس دور میں فرشِ زمیں میرے لئے
جیسا میں ہوں ویسا زیرِ آسماں کوئی نہ ہو

کیا ملے گی آپ کو تاریخ میں ایسی مثال

دے کے قُربانی بھی زیبِ داستاں کوئی نہ ہو

کچھ ہیں ایسے جن کو مِل جاتی ہے بِن مانگی مراد
جس کا ان کو بھی کبھی وہم و گماں کوئی نہ ہو

کرتے ہیں فُٹ پاتھ پر وہ زندگی اپنی بسر
کیا کریں وہ جن کے سر پر سائباں کوئی نہ ہو

یہ جہانِ رنگ و بو میرے لئے کس کام کا
"رہئے اب ایسی جگہ چل کر جہاں کوئی نہ ہو"

قلبِ مضطر کیا کرے ایسے میں برقیؔ اعظمی
شومیِ قسمت سے جب آرامِ جاں کوئی نہ ہو

***

پوچھا جو میں نے کیا ہوا اُس نے کہا کچھ بھی نہیں
مجھ سے ہو آخر کیوں خفا اُس نے کہا کچھ بھی نہیں

کیا ہے تمہارا مُدعا اُس نے کہا کچھ بھی نہیں
پھر ہو گئے کیوں بے وفا اُس نے کہا کچھ بھی نہیں

کوئی تو ہو گا ماجرا اُس نے کہا کچھ بھی نہیں
ہے دردِ دل کی کیا دوا اُس نے کہا کچھ بھی نہیں

کیوں توڑتے ہو رابطا اُس نے کہا کچھ بھی نہیں
میرے لئے ہے کچھ بچا اُس نے کہا کچھ بھی نہیں

میں نے کہا جو کچھ سُنا اُس نے کہا کچھ بھی نہیں
مجھ سے ہوئے پھر کیوں جُدا اُس نے کہا کچھ بھی نہیں

کرتے ہو کیوں جور و جفا اُس نے کہا کچھ بھی نہیں
کیا ہو گئی کوئی خطا اُس نے کہا کچھ بھی نہیں

کیا کچھ کسی نے کہہ دیا اُس نے کہا کچھ بھی نہیں
کرتے نہیں کیوں سامنا اُس نے کہا کچھ بھی نہیں

جو کام بگڑا تھا بنا اُس نے کہا کچھ بھی نہیں
کوئی تو ہو گا راستا اُس نے کہا کچھ بھی نہیں

کیوں ٹوٹا دل کا آئینہ اُس نے کہا کچھ بھی نہیں
آتی ہے کیسی یہ صدا اُس نے کہا کچھ بھی نہیں

کیا ہے تمہارا مشغلا اُس نے کہا کچھ بھی نہیں
گلشن میں کوئی گل کھلا اُس نے کہا کچھ بھی نہیں

کیسا ہے یہ محشر بپا اُس نے کہا کچھ بھی نہیں
کیا سامنے ہے جا بجا اُس نے کہا کچھ بھی نہیں

ہے ماجرائے شوق کیا اُس نے کہا کچھ بھی نہیں
ہے صبر کی کچھ انتہا اُس نے کہا کچھ بھی نہیں

برقیؔ سے ہے کچھ رابطا اُس نے کہا کچھ بھی نہیں

ترکِ تعلق کیوں ہوا اُس نے کہا کچھ بھی نہیں

***

کون ہے کس کا یہ پیغام ہے کیا عرض کروں
زندگی نامۂ گُمنام ہے کیا عرض کروں

دے کے وہ دعوتِ نظارہ جہاں پھر نہ ملا
یہ وہی جلوہ گہہِ عام ہے کیا عرض کروں

زندگی اُس نے بدل کر مری رکھ دی ایسی
نہ مجھے چین نہ آرام ہے کیا عرض کروں

حسرت و یاس کا مسکن ہے مرا خانۂ دل
سونا سونا یہ درو بام ہے کیا عرض کروں

آگے پیچھے ہے مرے ایک مصائب کا ہجوم
آج ناکامی بہر گام ہے کیا عرض کروں

میری قسمت میں لکھی تشنہ لبی ہے شاید
اُس کے ہاتھوں میں بھرا جام ہے کیا عرض کروں

جب سے وہ خانہ بر انداز ہے سرگرمِ عمل
جس طرف دیکھئے کہرام ہے کیا عرض کروں

صبحِ اُمید کب آئے گی نہ جانے برقیؔ

مضطرب دل یہ سرِ شام ہے کیا عرض کروں

٭٭٭

کیسی یہ گردشِ ایّام ہے کیا عرض کروں
تیرہ و تار سرِ شام ہے کیا عرض کروں

کئی صدیوں سے جو تھی سجدہ گہہِ اہلِ ولا
اب وہی مرکزِ اصنام ہے کیا عرض کروں

نام تھا صفحۂ تاریخ میں جس کا روشن
عہدِ نو میں وہی گُمنام ہے کیا عرض کروں

جی حضوری میں لگا رہتا تھا پہلے جو مری
دے رہا اب وہی دُشنام ہے کیا عرض کروں

مل رہی ہے جسے نا کردہ گناہی کی سزا
بد نہیں پھر بھی وہ بدنام ہے کیا عرض کروں

رہتا تھا شام و سحر جو مرے آگے پیچھے
پوچھتا ہے وہی کیا کام ہے کیا عرض کروں

اب شب و روز گُذرتے ہیں نہ پوچھو کیسے
میں ہوں میرا دلِ ناکام ہے کیا عرض کروں

جس پہ کرتے ہیں وہ رسوا سرِ بازار مجھے

یہ وہی جلوہ گہہِ عام ہے کیا عرض کروں

آ کے آباد کرے گا وہ مرا خانۂ دل
جس کا ویران درو بام ہے کیا عرض کروں

مجھے ہر حال میں جمعیتِ خاطر ہے نصیب
مجھ پہ قُدرت کا یہ انعام ہے کیا عرض کروں

میری وہ پُرسشِ احوال کرے گا برقیؔ
اُس نے بھیجا یہی پیغام ہے کیا عرض کروں

***

ہے مزاجِ یار برہم کیا کریں
ہے دگرگوں دل کا عالم کیا کریں

اس قدر غالب ہے اس کا رعبِ حُسن
ڈگمگاتے ہیں قدم ہم کیا کریں

مُندمِل ہوتا نہیں زخمِ جگر
اب نہیں ہے تھا جو مرہم کیا کریں

شمعِ دل میں اب نہیں وہ آب و تاب
اُس کی لو ہے آج مدھم کیا کریں

دوستوں کی بیوفائی دیکھ کر
آنکھ ہو جائے اگر نم کیا کریں

ہم سمجھتے تھے جسے ننگِ وجود
ہے وہی اب محترم ہم کیا کریں

دیکھ کر گلشن میں گل کا حالِ زار
رو رہی ہے آج شبنم کیا کریں

داغؔ کی دلی میں اُن کے روبرو
خواہشِ لوح و قلم ہم کیا کریں

داغؔ وہ ہیں جن کے فن کے سامنے
اپنی گردن ہو گئی خم کیا کریں

جس میں دی ہو داغؔ نے دادِ سخن
اس زمیں میں کچھ رقم ہم کیا کریں

اُس نے برقیؔ اپنے طرزِ کار سے
کھو دیا اپنا بھرم ہم کیا کریں

٭٭٭

ملتے ہیں ہر ہر قدم پر اِس میں یوں ہی خار کیا
جادۂ اُلفت کبھی ہوتا نہیں ہموار کیا

سامنے اُس کے نہیں ہے میرا حالِ زار کیا
خوابِ غفلت سے نہیں ہے وہ ابھی بیدار کیا

کیوں ہے گُم سُم اور پریشاں کچھ بتاتا کیوں نہیں

تیرا یہ تیر نظر بھی ہو گیا بیکار کیا

دیکھنے والے مجھے یہ ہے ترا حُسنِ نظر
ورنہ میں کیا اور میری شوخیِ گفتار کیا

میرا اعجازِ قلم تو نے ابھی دیکھا نہیں
میں دکھاؤں تجھ کو اپنی قوتِ اظہار کیا

ہیں جہانِ فکر و فن میں سب کے جو وِردِ زباں
تو نے دیکھے ہیں بتا ایسے کبھی فنکار کیا

افضل الاشغال ہے یہ خدمتِ نوعِ بشر
ہیں سکونِ دل کا باعث درہم و دینار کیا

کچھ اثر ہوتا نہیں اُس پر اشاروں کا مرے
دیکھ اندھی ہو گئی ہے نرگسِ بیمار کیا

اب بھی کچھ بگڑا نہیں ہے چھوڑ دے بغض و نفاق
دیکھ تجھ سے کہہ رہی ہے وقت کی رفتار کیا

گردشِ رقاصۂ دوراں پہ رکھ برقیؔ نظر
کہہ رہی ہے تجھ سے یہ پازیب کی جھنکار کیا

٭٭٭

میں سرِ نیاز جھکاؤں کیوں

روحِ سخن (غزلیں) 102 احمد علی برقی اعظمی

نہیں مانتا تو مناؤں کیوں
یہ بتا تجھے میں بُلاؤں کیوں
ترِ ابارِ ناز اُٹھاؤں کیوں

تری بزمِ ناز میں آؤں کیوں
وہاں بن بُلائے میں جاؤں کیوں

نہ لے میرے ظرف کا امتحاں
تجھے راز داں میں بناؤں کیوں

ہے ترا شعار ستمگری
میں بھلا کسی کو ستاؤں کیوں

ترا وار سینے پہ کھاؤں گا
تجھے اپنی پُشت دکھاؤں کیوں

مری جو بھی عزتِ نفس ہے
اُسے داؤں پر میں لگاؤں کیوں

مری لوحِ دل پہ جو ثبت ہے
نہ مٹے اگر تو مٹاؤں کیوں

ترا ظلم و جور و ستم مجھے
نہیں بھولتا تو بھُلاؤں کیوں

ابھی زندہ میرا ضمیر ہے
میں فریبِ حُسن یہ کھاؤں کیوں

میں ہوں برقیؔ تیرا مزاج داں
تری یاد دل میں بساؤں کیوں

٭٭٭

پردہ رُخِ روشن سے ہٹا کیوں نہیں دیتے
ہوش اہلِ نظارا کے اُڑا کیوں نہیں دیتے

وارفتگیِ شوق بڑھا کر مری آخر
منزل کا مری مجھ کو پتا کیوں نہیں دیتے

حایل ہے اگر بیچ میں یہ امن و سکوں کے
تم ظلم کی دیوار کو ڈھا کیوں نہیں دیتے

کیوں بیٹھ گئے تھک کے وہ ہے سامنے منزل
دو چار قدم اور بڑھا کیوں نہیں دیتے

جب پیش کیا اپنا تعارف تو وہ بولا
تم عظمتِ رفتہ کو بھُلا کیوں نہیں دیتے

حق جو ہے مرا اُن سے وہی مانگ رہا ہوں
وہ میری وفاؤں کا صلا کیوں نہیں دیتے

اقبالؔ کی عظمت سے جو بے بہرہ ہیں اب تک

پڑھنے کو اُنھیں بانگِ درا کیوں نہیں دیتے

میں اُن کی نگاہوں میں کھٹکتا ہوں اگر وہ
بے جُرم و خطا مجھ کو سزا کیوں نہیں دیتے

حقدار کا حق جو بھی غصب کرتے ہیں برقیؔ
اوقات اُنھیں اُن کی بتا کیوں نہیں دیتے

***

منظر ہے آج شام و سحر کا لہو لہو
قلبِ حزیں ہے نوعِ بشر کا لہو لہو

گُلشن میں گُل ہیں بادِ خزاں کے شکار آج
دامن کیا ہے کس نے شجر کا لہو لہو

کابل ہو، کربلا ہو، فلسطین یا عراق
حاصل ہے آج فتنہ و شر کا لہو لہو

لعنت ہیں شرپسند یہ کُرۂ زمیں پر
ہے جن سے اشک دیدۂ تَر کا لہو لہو

اِس کا کوئی جواب ہے ماں پوچھتی ہے یہ
ٹکڑا ہے کیوں یہ میرے جگر کا لہو لہو؟

ہم ہیں شکارِ گردشِ آلام روزگار

ہر گوشہ ہے اِدھر کا،اُدھر کا لہو لہو

ریشہ دوانیاں یہ سبھی اہل زر کی ہیں
ہے رنگ آج اِس لئے زر کا لہو لہو

ہے اشکبار دیکھ کے برقیؔ یہ ماجرا
دامن کیا پسر نے پدر کا لہو لہو

***

جینے کے اُسے بھی کبھی پڑ سکتے ہیں لالے
کہہ دو وہ مرے سامنے سِکّے نہ اچھالے

کیوں تجھ پہ اثر کرتے نہیں میرے یہ نالے
للّٰہ مری ڈوبتی کشتی کو بچا لے

ڈر ہے نہ کوئی چھین لے اب منھ سے نوالے
بہتر ہے خدا اب مجھے دُنیا سے اُٹھا لے

جو جیسا کرے گا وہ یہاں ویسا بھرے گا
ڈستے ہیں اسے اب وہی جو سانپ تھے پالے

کب تک میں کروں تیرے لئے دشت نَوَردی
کیا تجھ کو نہیں آتے نظر پاؤں کے چھالے

مزدور کا حق مار کے جو کی ہے اکٹھا

اب اس سے سنبھلتی نہیں دولت وہ سنبھالے

سینے میں دھڑکتا ہے جو دل وہ بھی ہے تیرا
اب کیا میں کروں تو ہی بتا تیرے حوالے

برقیؔ کے لئے اب سبھی مسدود ہیں راہیں
ہے کوئی جو اس قعرِ مزلت سے نکالے

***

جو بھی پیغام ہو وہ بادِ سحر لے آئے
ہے جدھر جلوہ گہہِ ناز اُدھر لے آئے

میں سمجھ لوں گا اُسے نخلِ سعادت کا ثمر
کچھ نہیں ہے تو فقط برگِ شجر لے آئے

ٹوٹ جائے نہ بھرم اُس کی مسیحائی کا
داروئے قلب و جگر زود اثر لے آئے

دیکھ کر اُس کو سبھی قول و قسم بھول گئے
ہم نے سوچا تھا نہ لائیں گے مگر لے آئے

اِس طرح خانۂ دل میں تھا کبھی جلوہ نُما
ایسا لگتا تھا کہ ہم شمس و قمر لے آئے

جانے کب دے گا درِ دل پہ دوبارہ دستک

نامہ بر کاش کوئی اُس کی خبر لے آئے
کاش شرمندۂ تعبیر ہو یہ خواب مرا

نالۂ نیم شبی میرا اثر لے آئے
سُرمۂ چشم ہے اُس کے لئے بینائی کا

اُس سے کہہ دو وہ مری گردِ سفر لے آئے
کون اب پُرسشِ احوال کرے گا برقیؔ

کوئی ایسا نہیں جو اُس کی خبر لے آئے

❋ ❋ ❋

تلخ ہے گردشِ حالات لکھوں یا نہ لکھوں
ہیں پراگندہ خیالات لکھوں یا نہ لکھوں

جن کو میں اپنا سمجھتا تھا پرائے نکلے
اُن کی کیا کیا ہیں عنایات لکھوں یا نہ لکھوں

یادِ ماضی نہ مجھے چین سے جینے دے گی
کیوں ہوئی ترکِ ملاقات لکھوں یا نہ لکھوں

مُنتشر کیوں ہوئے اوراقِ کتابِ ہستی
کیا ہوئیں اس کی وجوہات لکھوں یا نہ لکھوں

زندگی نامۂ گمنام کی مانند ہے یہ

کس کو اور کیسے جوابات لکھوں یا نہ لکھوں

کیا دیا اُس نے مری عرضِ تمنا کا جواب
ہیں جو درپیش سوالات لکھوں یا نہ لکھوں

رگِ احساس پھڑکتی ہے مری رہ رہ کر
کیسی ہے شدتِ جذبات لکھوں یا نہ لکھوں

آپ رہ جائیں گے انگشت بدنداں سن کر
اُس نے بھیجی ہے جو سوغات لکھوں یا نہ لکھوں

امن کا کہتے ہیں جو خود کو پجاری برقیؔ
وہی کرتے ہیں خرافات لکھوں یا نہ لکھوں

***

اُمید کا سورج ڈوب گیا
غم سہتے سہتے اوب گیا

بس ایک جھلک دیکھی اُس کی
کیا خوب آیا کیا خوب گیا

وہ خانۂ دل میں آیا تھا
مجھ سے ہو کر منسوب گیا

وہ گیا تو دل سے آئی صدا

محبوب گیا محبوب گیا

تم سن نہ سکو گے کیا بولوں
تھا جو بھی مجھے مطلوب گیا

میں ہوش و خرد سے در گُذرا
جیسے کوئی مجذوب گیا

میں جا کر اسے کہاں ڈھونڈوں
وہ جو تھا مجھے مرغوب گیا

وہ اپنی بصارت کھو بیٹھے
جب صبر دلِ یعقوب گیا

برقیؔ کا تھا جو کچھ لوٹ لیا
گھر میں دے کر جاروب گیا

٭٭٭

کیسے کروں میں گردشِ دوراں کی شرحِ حال
برپا ہے میرے ذہن میں اک محشرِ خیال

سوزِ دروں نے کر دیا جینا مرا مُحال
قلب و جگر کے زخم کا کب ہو گا اِندمال

میرا یہی ہے کاتبِ تقدیر سے سوال

کیا ہو گی اپنی عظمتِ رفتہ کبھی بحال
ہم ہیں شکار گاہِ جہاں میں شکار آج
راہِ فرار کوئی نہیں ہے بچھا ہے جال

ملتے ہیں میر جعفرؔ و صادقؔ نئے نئے
ہے بھیڑیوں کے جسم پہ انساں کی آج کھال

جو آج زر خرید ہیں اُن کا عروج ہے
جو سربلند تھے اُنھیں درپیش ہے زوال

بیدار مغز جو ہیں وہ ہیں مصلحت پسند
قحط الرجال ایسا ہے جس کی نہیں مثال

محفوظ جو سمجھتے ہیں اپنے کو ایک دن
کر دے گی اُن کو گردشِ دوراں یہ پائمال

ایک ایک کر کے سب کو بنائے گا وہ شکار
شطرنج کی بساط پہ جو چل رہا ہے چال

اب بھی ہے وقت ہوش میں آ ڈس نہ لیں تجھے
تو اپنی آستین میں یہ سانپ اب نہ پال

بے جا مداخلت سے رہیں اُن کی ہوشیار
کرتے ہیں ظلم امن کو جو اب بنا کے ڈھال

مٹتے ہی جا رہے ہیں جو عظمت کے تھے نشاں
محفوظ آج کچھ نہیں وہ جان ہو کہ مال

صُبحِ اُمید آئے گی کب تیرگی کے بعد
برقیؔ ہے آج ذہن میں سب کے یہی سوال

***

ہو گا کیا بام پہ تو جلوہ نما میرے بعد
کون دیکھے گا ترا ناز و ادا میرے بعد

تختۂ مشق بنانا ہے اگر مُجھ کو بنا
ایسا کرنا نہ کبھی حشر بپا میرے بعد

تو نے نا کردہ گناہی کی سزا دی ہے مجھے
اب بتا کس کو ملے گی یہ سزا میرے بعد

ہے دعا میری یہی ظلم و ستم سے تیرے
نہ کرے کوئی بھی اب آہ و بُکا میرے بعد

تھا مرے ساتھ ہمیشہ جو رویہ تیرا
ایسے دینا نہ کسی کو بھی دغا میرے بعد

وار ہنس ہنس کے ترا میں نے سہا ہے لیکن
پھر چلائے گا کہاں تیغِ ادا میرے بعد

عیش کرنا ہے تجھے جتنا وہ کر لے کیونکہ
زندگی کا نہ ملے گا یہ مزا میرے بعد

میرے قدموں کے نشاں تجھ کو ملیں گے ہرجا
"نہ رہی دشت میں خالی کوئی جا میرے بعد"

میں نے رکھا ہے تجھے اپنی رگِ جاں کے قریب
کون ہے تیرا بھی خواہ بتا میرے بعد

سب کو جانا ہے جہاں میں بھی چلا جاؤں گا
ہو گی ہمراہ ترے میری دعا میرے بعد

شہر دہلی میں ہوں گمنام میں لیکن برقیؔ
ضو فگن ہو گی مرے فن کی ضیاء میرے بعد ***

رزم گاہِ زیست میں ہر گام پر خودسر ملے
راہزن تھے قافلے میں مجھ کو جو رہبر ملے

عمر بھر جن کو سمجھتا تھا میں اپنا خیر خواہ
آستینوں میں اُنہیں کی ایک دن خنجر ملے

آج کس کم ظرف کے ہاتھوں میں ہے اس کا نظام
میکدے میں نا منظم شیشہ و ساغر ملے

جن مکینوں کو تھا اپنی خوبیِ قسمت پہ ناز

نذرِ آتش ایک دن "گلبرگ" میں وہ گھر ملے
لوٹ کر آئے وہاں جس وقت مرغانِ چمن
اُن کو اپنے آشیاں میں چند بال و پَر ملے

وہ دیارِ غیر سے آئے تھے آبائی وطن
جب وہاں پہنچے اُنہیں ویران بام و در ملے

سُرخرو تھے وہ نہ تھا جن کو شعورِ فکر و فن
گوشۂ عُزلت میں لیکن مجھ کو دیدہ ور ملے

جن کی راہوں میں بچھائے تھے کبھی برقیؔ نے پھول
وقت جب بدلا تو اُن کے ہاتھ میں پتھر ملے

٭ ٭ ٭

کر کے اسیر غمزہ و نازو ادا مجھے
اے دلنواز تو نے یہ کیا دے دیا مجھے

جانا تھا اتنی جلد تو آیا تھا کس لئے
ایک ایک پل ہے ہجر کا صبر آزما مجھے

بجھنے لگی ہے شمعِ شبستانِ آرزو
اب سوجھتا نہیں ہے کوئی راستا مجھے

آنکھیں تھیں فرشِ راہ تمہارے لئے سدا

تم آس پاس ہو یہیں ایسا لگا مجھے

یہ دردِ دل ہے میرے لئے اب وبالِ جاں
ملتا نہیں کہیں کوئی درد آشنا مجھے

کشتیِ دل کا سونپ دیا جس کو نظم و نسق
دیتا رہا فریب وہی ناخدا مجھے

رہزن سے بڑھ کے اُس کا رویہ تھا میرے ساتھ
پہلی نگاہ میں جو لگا رہنما مجھے

اب میں ہوں اور خوابِ پریشاں ہے میرے ساتھ
کتنا پڑے گا اور ابھی جاگنا مجھے

کیا یہ جنونِ شوق گناہِ عظیم ہے
کس جُرم کی ملی ہے یہ آخر سزا مجھے

برقیؔ نہ ہو اُداس سرِ رہگذر ہے وہ
پیغام دے گئی ہے یہ بادِ صبا مجھے

٭٭٭

وہ ہمیں دیکھ کر مسکراتے رہے
ہم اُنھیں دیکھ کر مسکراتے رہے

ہو گئے نقش وہ صفحۂ ذہن پر

بعد از آں خواب میں آتے جاتے رہے
اس کو سرسبز و شاداب کرتے رہے
گلشنِ زیست میں گل کھلاتے رہے

روشنی بن کے قصرِ تمنا میں وہ
اس میں شمعِ محبت جلاتے رہے

ذہن میں جیسے بجتی ہوں شہنائیاں
نغمۂ جانفزا وہ سناتے رہے

ایک دن پھر ملے جب سرِ رہگذر
دیکھ کر ہم کو نظریں بچاتے رہے

ہیں یہ اشعار ایسا خیالی محل
ہم یوں ہی جو گِراتے بناتے رہے

لے کے برقیؔ کا دل دے گئے دردِ دل
اپنا جشنِ عروسی مناتے رہے

***

اُس نے نظروں سے گرایا تو سنبھلنے نہ دیا
اور مجھ کو کفِ افسوس بھی ملنے نہ دیا

آتشِ شوق میں جلنا ہے مقدر میرا

میں نے اُس کو کبھی اس آگ میں جلنے نہ دیا

جیسا پہلے تھا وہی حال ہے اب بھی میرا
میرے حالات کبھی اُس نے بدلنے نہ دیا

کر کے رسوا سرِ بازار ہمیشہ مجھ کو
اُس نے اس قعرِ مذلت سے نکلنے نہ دیا

میری خواہش تھی مچلنے کی مگر کیا کرتا
کر کے محصور مجھے اُس نے مچلنے نہ دیا

تھا مرا سوزِ دروں اُس کے بہلنے کا سبب
میں نے جب چاہا کبھی اُس نے بہلنے نہ دیا

میں تھا غالب تو لگا رہتا تھا آگے پیچھے
اب ہو ں مغلوب مری ایک بھی چلنے نہ دیا

اب وہی زہر اُگلتا ہے سدا میرے خلاف
جس کا سر میں نے زمانے کو کچلنے نہ دیا

اب گھلاتا ہے وہی سوزِ دروں سے مجھ کو
شمع کی طرح کبھی جس کو پگھلنے نہ دیا

***

ارادوں میں ہمارے استقامت کیوں نہیں آتی

سکوں جس میں میسر ہو وہ ساعت کیوں نہیں آتی

ہمارے سامنے ہر روز ہے منظر قیامت کا
وہ ہم سے کہہ رہے ہیں یہ قیامت کیوں نہیں آتی

کب آخر اپنے وہ جورو ستم سے باز آئے گا
ہیں کب سے منتظر ہم اُس کی شامت کیوں نہیں آتی

وہ کب پہونچے گا آخر کیفرِ کردار کو اپنے
عدالت میں یہ تاریخِ سماعت کیوں نہیں آتی

سمٹ کر رہ گئی ہے کیوں یہ دولت چند ہاتھوں میں
جو ہو سب کے لئے وجہہ سعادت کیوں نہیں آتی

نہ حالیؔ ہیں نہ ہیں ڈپٹی نذیر احمدؔ نہ سرسیدؔ
اب ایسی دورِ حاضر میں قیادت کیوں نہیں آتی

نہیں ہے شاعری میں سوزِ میرؔ و فانیؔ و حسرتؔ
زبانِ داغؔ میں تھی جو سلاست کیوں نہیں آتی

تری طبعِ رسا میں یوں تو بیحد زود گوئی ہے
تجھے آخر روایت سے بغاوت کیوں نہیں آتی

تجھے یہ تیری خوئے بے نیازی مار ڈالے گی
جو سب میں ہے وہ برقیؔ تجھ میں عادت کیوں نہیں آتی

٭٭٭

تیور بھی نہیں بدلے لہجہ بھی نہیں بدلا
رشتہ بھی نہیں بدلا پیشہ بھی نہیں بدلا

دیتا ہے نگاہوں سے وہ دعوتِ مے نوشی
ساغر بھی نہیں بدلا کاسہ بھی نہیں بدلا

گِر گِر کے سنبھلتا ہوں میں کوچۂ جاناں میں
"منزل بھی نہیں پائی رستہ بھی نہیں بدلا"

حیران ہوں میں اس کی اس دیدہ دلیری پر
چہرے پہ جو تھا اس کے پردہ بھی نہیں بدلا

جیسی تھی روش اس کی قایم ہے اسی پر وہ
شطرنج کا یہ اس نے مُہرہ بھی نہیں بدلا

وہ موت کا سوداگر اب بھی ہے تعاقب میں
خنجر بھی نہیں بدلا تیشہ بھی نہیں بدلا

گو اُس کے بظاہر ہیں چہرے پہ کئی چہرے
کہتا ہے کبھی اُس نے حُلیہ بھی نہیں بدلا

وہ دیدہ و دانستہ کرتا ہے دل آزاری
اُس نے یہ کبھی اپنا شیوہ بھی نہیں بدلا

بد نامِ زمانہ وہ کرتا ہے مجھے برقیؔ
الزام تراشی کا حربہ بھی نہیں بدلا

٭٭٭

کروں میں لاکھ کوشش اُس کی من مانی نہیں جاتی
اسی باعث مری ذہنی پریشانی نہیں جاتی

دکھا کر اک جھلک روپوش ہو جاتا ہے آنکھوں سے
میں مثلِ آئینہ ہوں جس کی حیرانی نہیں جاتی

رواں اشکوں کا سیلِ بیکراں ہے میری آنکھوں سے
تلاطم خیز موجوں کی یہ طُغیانی نہیں جاتی

بہارِ بے خزاں تھی جس چمن میں آج تک اُس میں
نہ جانے کیوں گلوں کی چاک دامانی نہیں جاتی

اگر وہ تولتا میزانِ عدل و داد پر اُس کو
کبھی بھی رائیگاں میری یہ قربانی نہیں جاتی

ہے دعویٰ کھوکھلا اُس کا مری آبادکاری کا
مرے حق میں کوئی تجویز ہو،مانی نہیں جاتی

بہر صورت گوارا یہ نہیں ہے میری غیرت کو
یہ تشنہ لب ہے پھر بھی مانگنے پانی نہیں جاتی

مرے پیشِ نظر رہتی ہے ہر دم عظمتِ رفتہ
تہی دستی میں بھی یہ خوئے سلطانی نہیں جاتی

نہیں معلوم ہے جن کو قرینہ ستر پوشی کا
چھپیں وہ لاکھ پردوں میں بھی عُریانی نہیں جاتی

نہ کرتا گر تجاوز اپنی حد سے دن کا شہزادہ
مرے پہلو سے اُٹھ کر رات کی رانی نہیں جاتی

ہمیشہ برق کی زد میں ہے میرا آشیاں برقیؔ
کروں آباد جتنا پھر بھی ویرانی نہیں جاتی

***

بے درد زمانے سے ٹکرا بھی نہیں سکتے
اظہارِ محبت سے باز آ بھی نہیں سکتے

حالات کچھ ایسے ہیں نذرانۂ دل اُس کا
ہم لے بھی نہیں سکتے ٹھکرا بھی نہیں سکتے

دیتا ہے نگاہوں سے وہ دعوتِ مے نوشی
"ہم پی بھی نہیں سکتے چھلکا بھی نہیں سکتے"

رہ رہ کے نہ جانے کیوں ہوتی ہے خلش دل میں
ہم سوزِ دروں اپنا دکھلا بھی نہیں سکتے

دستک کوئی دیتا ہے جب اپنے درِ دل پر

کیا ہم پہ گذرتی ہے بتلا بھی نہیں سکتے

اظہارِ ندامت ہم اب اُس سے کریں کیسے
ہم کھو بھی نہیں سکتے اور پا بھی نہیں سکتے

نا کردہ گناہی کی ملتی ہے سزا ہم کو
الزام ہے جو ہم پر جھٹلا بھی نہیں سکتے

یہ عقدۂ لاینحل ایسا ہے جسے برقیؔ
اُلجھا بھی نہیں سکتے سُلجھا بھی نہیں سکتے

***

جس کو کہتے ہیں سب چاند کی چاندنی
چار دن کی ہے یہ زندگی چاندنی

چاند سے کم نہیں اُس کا روئے حسیں
روئے زیبا کی ہے دلکشی چاندنی

آج کل اس قدر ہے مکدر فضا
حال یہ دیکھ کر رو پڑی چاندنی

چاند اُس کا نہ جانے کہاں کھو گیا
دیکھتی رہ گئی یہ کھڑی چاندنی

چاند پر جب سے انساں کے پہنچے قدم

ہو گئی وقفِ سوداگری چاندنی

آج گھر کی فصیلوں میں محصور ہے
تھی جو محفل کی جلوہ گری چاندنی

جانے کس کی یہ برقؔ نظر لگ گئی
تھی جو اپنی وہ ہے اجنبی چاندنی

***

امیر خسرو کی فارسی غزل اور اس کا ترجمہ

نمی دانم چہ منزل بود شب جائیکہ من بودم
بہ ہر سو رقصِ بسمل بود شب جائیکہ من بودم

پرے پیکر نگاری سرو قدی لالہ رخساری
سراپا آفتِ دل بود شب جائیکہ من بودم

رقیباں گوش بر آواز، او در ناز و من ترساں
سخن گفتن چہ مشکل بود شب جائیکہ من بودم

خدا خود میر مجلس بود اندر لامکاں خسروؔ
محمد شمعِ محفل بود شب جائیکہ من بودم

***

منظوم اُردو ترجمہ

تھی وہ نا معلوم منزل تھا جہاں کل رات کو
ہر طرف تھا رقصِ بسمل تھا جہاں کل رات کو

لالہ رو اور سرو قد تھا اک پری پیکر وہاں
سر سے پا تک آفتِ دل، تھا جہاں کل رات کو

تھی مجھے وحشت وہاں موجود تھے میرے رقیب
بات بھی کرنی تھی مشکل، تھا جہاں کل رات کو

میر مجلس لامکاں میں تھا وہاں خسرو خدا
تھے محمد شمعِ محفل تھا جہاں کل رات کو

***

جب سے میں نے دیکھا ہے ایک خوشنما چہرہ
تب سے ہے نگاہوں میں اُس کا چاند سا چہرہ

صورت اور سیرت میں امتیاز مُشکل ہے
ہے ہر ایک چہرے پر ایک دوسرا چہرہ

ایک اور دو ہی میں ذہن تھا پراگندہ
آ گیا کہاں سے یہ ایک تیسرا چہرہ

با وفا سمجھتا تھا جس کو بے وفا نکلا
روز وہ بدلتا ہے اک نہ اک نیا چہرہ

تھا نقاب میں اب تک بے حجاب جب دیکھا
فاش ہو گیا آخر اُس کا بد نُما چہرہ

دور سے سمجھتے تھے جس کو چاند کا ٹکڑا
جب قریب سے دیکھا تھا وہ کھُردُرا چہرہ

میری چشمِ باطن سے کچھ نہیں ہے پوشیدہ
ہے زبانِ دل برقیؔ آئینہ نُما چہرہ

***

تو بجھانا چاہتا ہے میری قسمت کے چراغ
بجھ نہ جائیں دیکھ تیری شان و شوکت کے چراغ

آنے والا ہے ابابیلوں کا لشکر ہوشیار
دیرپا ہوتے نہیں ہیں جاہ و حشمت کے چراغ

ہو نہ جائے اُن سے گُل تیری بھی شمعِ زندگی
ہر طرف تو نے جلائے ہیں جو نفرت کے چراغ

آ جا راہِ راست پر اب بھی ہے میرا مشورہ
گُل نہیں ہوتے کبھی رشد و ہدایت کے چراغ

کیوں بجھاتا ہے مری شمعِ شبستانِ حیات
کرنا ہے روشن تو روشن کر سعادت کے چراغ

نامساعد دور میں ہے اس کی لو مدھم ضرور
بجھ نہ پائیں گے کبھی شمعِ رسالت کے چراغ

دوستی سے بڑھ کے دُنیا میں کوئی دولت نہیں
ہیں مُضر تیرے لئے برقیؔ عداوت کے چراغ

٭٭٭

نظر بچا کے وہ ہم سے گزر گئے چُپ چاپ
ابھی یہیں تھے نہ جانے کِدھر گئے چُپ چاپ

ہوئی خبر بھی نہ ہم کو کب آئے اور گئے
نگاہِ ناز سے دل میں اُتر گئے چُپ چاپ

دکھائی ایک جھلک اور ہو گئے روپوش
تمام خواب اچانک بکھر گئے چُپ چاپ

یہ دیکھنے کے لئے منتظر ہیں کیا وہ بھی
دیارِ شوق میں ہم بھی ٹھہر گئے چُپ چاپ

کریں گے ایسا وہ اِس کا نہ تھا ہمیں احساس
وہ قول و فعل سے اپنے مکر گئے چُپ چاپ

فصیلِ شہر کے باہر نہیں کسی کو خبر
بہت سے اہلِ ہنر یوں ہی مر گئے چُپ چاپ

دکھا رہے تھے ہمیں سبز باغ وہ اب تک
اُنھیں جو کرنا تھا برقیؔ وہ کر گئے چُپ چاپ

***

کشتیِ دل منجدھار میں اکثر چلتے چلتے چلتی ہے
جب آتی ہے کوئی مصیبت ٹلتے ٹلتے ٹلتی ہے

شاخِ تمنا خونِ جگر سے پھلتے پھلتے پھلتی ہے
شمعِ محبت خانۂ دل میں جلتے جلتے جلتی ہے

رعبِ حُسن سے قلب و جگر کو کر لیتا ہے وہ تسخیر
اُس کے سامنے دال کسی کی گلتے گلتے گلتی ہے

کہاں کہاں میں ساتھ میں لے کر جاؤں یادوں کی بارات
ذہن میں یہ تصویرِ تصور ڈھلتے ڈھلتے ڈھلتی ہے

کب دے گا دروازۂ دل پر وہ دستک معلوم نہیں
بادِ صبا پیغام یہ لے کر چلتے چلتے چلتی ہے

برقیؔ کب پروان چڑھے گا جوشِ جنوں معلوم نہیں
دیدہ و دل میں وصل کی خواہش پلتے پلتے پلتی ہے

***

کھُلا ہے میرا چلے آیئے دریچۂ دل
پڑھا نہیں ہے ابھی کیا مرا جریدۂ دل

دھڑک رہے ہیں فقط آپ اس کی دھڑکن میں
سوائے آپ کے کوئی نہیں وظیفۂ دل

ملی ہے آپ کی آمد کی جب سے اس کو خبر
ہے لب خموش کھُلا ہے مگر یہ دیدۂ دل

یہاں قیام کریں آکے کچھ دنوں کے لئے
لکھیں گے بیٹھ کے فرصت سے پھر قصیدۂ دل

شرف تو دیجئے آپ اس کو میزبانی کا
پھر آپ دیکھیں گے کیسا ہے یہ سلیقۂ دل

نگاہِ ناز سے وارد ہوئے ہیں آپ اس میں
ملے ہیں آپ جو مجھ سے یہ ہے نتیجۂ دل

نشاطِ روح کا ساماں ہیں آپ اس کے لئے
نثار آپ پہ برقیؔ کا ہے صحیفۂ دل

***

کیا نظر کے سامنے ہے جلوۂ جانانہ آج
"کس لئے تو جھومتا ہے اے دلِ دیوانہ آج"

صحنِ گلشن میں مرا آنا ہو جیسے فالِ نیک
کر رہی ہے خود سے بیخود نرگسِ مستانہ آج

خواب میں ہی وہ سہی آیا تو ملنے کے لئے
مجھ پہ واجب ہو گیا ہے سجدۂ شکرانہ آج

اس قدر سرشار ہوں اس کی نگاہِ مست سے
ہیچ اس کے سامنے ہے ساغر و پیمانہ آج

یہ سمجھنے سے ہوں قاصر کیا ہے اس میں مصلحت
جس کو میں اپنا سمجھتا تھا وہ ہے بیگانہ آج

گردشِ دوراں اثر انداز ہے کچھ اس طرح
خود سے ہے میرا دلِ درد آشنا بیگانہ آج

خوبیِ قسمت پہ اپنی کیوں نہ مجھ کو ناز ہو
اوج پر ہے میری برقیؔ جُرأتِ رندانہ آج

***

جو بھول چکے ہیں وہ پھر یاد دلا دیں تو
اپنی ہی طرح اُن کی نیندیں بھی اُڑا دیں تو

اوقات ہے کیا اُن کی یہ اُن کو بتا دیں تو
جو ہم کو سُناتے تھے ہم بھی وہ سُنا دیں تو

دیوانہ بنا ڈالا فُرقت نے ہمیں اُن کی
ہم بھی اُنہیں اب اپنا دیوانہ بنا دیں تو

روحِ سخن (غزلیں) 129 احمد علی برقی اعظمی

ہیں جتنے گلے شکوے باقی نہ رہیں گے وہ
پردہ رُخِ روشن سے وہ اپنے ہٹا دیں تو

بیتابیِ دل اپنی ہو جائے گی کم اِس سے
آئیں گے دوبارہ کب بس اِتنا بتادیں تو

ہو جائے گا پھر روشن کاشانۂ دل اپنا
لَو شمعِ محبت کی کچھ اور بڑھا دیں تو

کم ظرف زمانے کی کرتے ہیں شکایت وہ
ہم بھی اُنہیں اے برقیؔ آئینہ دکھا دیں تو

٭٭٭

دل کی ویرانی کبھی دیکھی ہے کیا
یہ پریشانی کبھی دیکھی ہے کیا

پاس رکھو اپنے اپنا مشورہ
اُس کی من مانی کبھی دیکھی ہے کیا

میری چشمِ نم میں ہے جو موجزن
ایسی طُغیانی کبھی دیکھی ہے کیا

آئینے میں شکل اپنی دیکھ کر
ایسی حیرانی کبھی دیکھی ہے کیا

دن کے شہزادے کا چھوڑو تذکرہ
رات کی رانی کبھی دیکھی ہے کیا

ہر طرف ہے آج جو پیشِ نظر
ایسی عُریانی کبھی دیکھی ہے کیا

جس طرح برقیؔ پہ ہے وہ حکمراں
ایسی سُلطانی کبھی دیکھی ہے کیا

***

میرے دل پر کیا گزرتی ہے بتانے دے مجھے
جو تجھے بارِ سماعت ہے سُنانے دے مجھے

جھیل کی مانند ہے تیری یہ چشمِ نیلگوں
اب مجھے مت روک اس میں ڈوب جانے دے مجھے

خیر مقدم کے لئے ہیں میری آنکھیں فرشِ راہ
رہگذر کو اپنی پھولوں سے سجانے دے مجھے

ہے بہت صبر آزما اب مجھ کو تیرا انتظار
تو مرے نزدیک آ، یا پاس آنے دے مجھے

ایک مُدت سے ہنسی غائب تھی ہونٹوں سے مرے
خوبیِ قسمت پہ اپنی مُسکرانے دے مجھے

اس قدر فرطِ خوشی سے دل ہے میرا باغ باغ
گل نئے گلزارِ ہستی میں کھلانے دے مجھے

قصرِ دل برقیؔ کا یہ تاریک تھا تیرے بغیر
اس کی اب شمعِ شبستاں کو جلانے دے مجھے

***

وہ آئے گا تجھ کو نظر دھیرے دھیرے
شبِ غم کی ہو گی سحر دھیرے دھیرے

نہ کر مرغِ دل اتنی اُڑنے کی عجلت
نکل آئیں گے بال و پَر دھیرے دھیرے

ابھی وہ تجھے دیکھ کر ہے گریزاں
وہ ہو گا ترا ہمسفر دھیرے دھیرے

تجھے کیا پتہ کیا گذرتی ہے مجھ پر
تو چلتا ہے کیوں نامہ بر دھیرے دھیرے

میں بے چین ہوں اپنے سوزِ دروں سے
نہ چل آج بادِ سحر دھیرے دھیرے

ہے نخلِ تمنا ابھی نارسیدہ
یہ دے گا بالآخر ثمر دھیرے دھیرے

ہے صبر آزما جو شبِ ہجر برقیؔ
وہ ہو جائے گی مختصر دھیرے دھیرے

***

یادِ ماضی کا تصور اور گرماتا ہے دل
اہل دل کے دل پہ کیسا یہ ستم ڈھاتا ہے دل

دل سے ملنا دل کا ہے اک ناگہانی اتفاق
مِل کے جب کوئی بچھڑتا ہے تو تڑپاتا ہے دل

دل کا دل سے جب بھی ہو جاتا ہے قطعِ رابطہ
ایک ناگن کی طرح اُس وقت بل کھاتا ہے دل

دل بآسانی ملا دیتی ہے یہ دل کی لگن
جب چلا جاتا ہے پھر مُشکل سے ہاتھ آتا ہے دل

آگے پیچھے کچھ نہیں آتا ہے پھر اس کو نظر
یاد میں اکثر کسی کی جب بھی کھو جاتا ہے دل

شامِ تنہائی یہ ہوتی ہے بہت صبر آزما
ملتا ہے جب دل سے کیفِ زندگی پاتا ہے دل

گردشِ دوراں سے ہو جاتا ہے برقیؔ بے نیاز
روئے زیبا پر کسی کے جب بھی آ جاتا ہے دل

***

ہے جوشِ جنوں کا یہ انداز جداگانہ
دیوانوں میں دیوانہ فرزانوں میں فرزانہ

اُس بزمِ نگاراں میں رکھا ہے قدم جب سے
آتا ہے نظر ہر سو بس جلوۂ جانانہ

ہے ذہن اِدھر میرا اور دل ہے اُدھر میرا
اک سمت حقیقت ہے اک سمت ہے افسانہ

معلوم نہ تھا مُجھ کو دُزدیدہ نگاہی سے
یہ دن بھی دکھائے گی یہ لغزشِ مستانہ

ہے طرزِ عمل اُس کا در اصل یہ مصنوعی
فطرت ہے غلامانہ انداز ہے شاہانہ

فیضانِ نظر اُس کا مُجھ پر یہ رہے قایم
ٹوٹے نہ کبھی اُس سے یہ رشتۂ یارانہ

ساقی کی نگاہوں سے مدہوش ہے دل میرا
میں بھول گیا برقیؔ اب ساغر و پیمانہ

***

آئے تھے جو خطوط سبھی غائبانہ تھے
"بیشک ستم جناب کے سب دوستانہ تھے"

حق دوستی کا خوب کیا آپ نے ادا
تیر نظر کا صرف ہمیں بس نشانہ تھے

کیوں مجھ سے بدگماں ہیں بتا دیجئے مجھے
جذبات آپ کے لئے یہ مُخلصانہ تھے

حُسنِ عمل کا دیتے ہیں کیا ایسے ہی جواب
ردِ عمل جو آپ کے تھے جارحانہ تھے

سوہانِ روح میرے لئے تھے جو حادثات
وہ آپ کی نظر میں فقط اک فسانہ تھے

کیا میرے اس سوال کا کوئی جواب ہے
وعدے کئے جو آپ نے کیا وہ بہانہ تھے

مُشتاقِ دید آج بھی برقیؔ ہے آپ کا
شکوے کئے تھے اُس نے جو،وہ دوستانہ تھے

***

کفِ افسوس ملیں گے ہمیں کھونے والے
اُن کو ہوں گے نہ میسر کبھی رونے والے

ناخُداؤں سے کہو خود کو نہ سمجھیں وہ خدا
"ڈوب جائیں نہ کہیں ہم کو ڈبونے والے"

یاد رکھیں کہ یہ چُبھ سکتے ہیں اُن کو بھی کبھی
خار پھولوں کی جگہ باغ میں بونے والے

حق پرستی ہمیں راس آئے نہ آئے، لیکن
ساتھ باطل کے کبھی ہم نہیں ہونے والے

خلشِ سوزِ دروں کا ہے تجھے کیا احساس
دل میں تیرِ نگہِ ناز چبھونے والے

میرا یہ حالِ زبوں تجھ کو نہ جینے دے گا
حلقۂ چشم کو اشکوں سے بھگونے والے

کارواں وقت کا سرگرم سفر ہے برقیؔ
خوابِ غفلت سے اُٹھیں کہہ دو یہ سونے والے

***

مجھے کیا نہیں راس آئے گی دُنیا
مجھے اور کتنا ستائے گی دُنیا

میں ہوں عالمِ رنگ و بو میں اکیلا
مجھے اور کتنا رُلائے گی دُنیا

مری کیا حقیقت ہے میں جانتا ہوں
بہت جلد یہ بھول جائے گی دُنیا

کسی کی ہوئی ہے کہ میری یہ ہو گی
مرا ساتھ کب تک نبھائے گی دُنیا

ابھی دیکھ لو یہ جو شمعِ محبت
جلائی ہے میں نے بجھائے گی دُنیا

بہت سنگ دل ہے یہ میں جانتا ہوں
مجھے دیکھ کر مسکرائے گی دُنیا

کرو فکر تم اپنے عقبیٰ کی برقیؔ
کسی کے نہیں ساتھ جائے گی دُنیا

***

مری جانب نگاہیں اس کی ہیں دُزدیدہ
جنونِ شوق میں دل ہے مرا شوریدہ

نہ پوچھ اے ہمنشیں کیسے گذرتی ہے شبِ فُرقت
میں ہوں آزُردہ خاطر وہ بھی ہے رنجیدہ رنجیدہ

گُماں ہوتا ہے ہر آہٹ پہ مُجھ کو اُس کے آنے کا
تصور میں مرے رہتا ہے وہ خوابیدہ خوابیدہ

وہ پہلے تو نہ تھا ایسا اُسے کیا ہو گیا آخر
نظر آتا ہے وہ اکثر مُجھے سنجیدہ سنجیدہ

نہ پوچھو میری اِس وارفتگیِ شوق کا عالم
خلش دل کی مجھے کر دیتی ہے نمدیدہ نمدیدہ

بہت پُر کیف تھا اُس کا تصور شامِ تنہائی
نگاہِ شوق ہے اب مُضطرب نادیدہ نادیدہ

سفر دشتِ تمنا کا بہت دشوار ہے برقیؔ
پہنچ جاؤں گا میں لیکن وہاں لغزیدہ لغزیدہ

***

کب ہوا بام پہ وہ جلوہ نما یاد نہیں
دم بخود ایسا تھا کچھ بھی بخدا یاد نہیں

مجھ سے دانستہ ہوئی کوئی خطا یاد نہیں
"جانے کس جُرم کی پائی ہے سزا یاد نہیں"

تختۂ مشق تھا معلوم ہے اتنا مجھ کو
کس قدر اس نے کئے جورو جفا یاد نہیں

اُس کے آنے کا گماں ہوتا ہے ہر آہٹ پر
جانے کیا کہہ کے گئی بادِ صبا یاد نہیں

کہہ رہا ہے مری تائید تھی اُس کو حاصل
میں تھا ہر حال میں راضی بہ رضا یاد نہیں

اُس کے آتے ہی لرز اُٹھا مرا تارِ وجود
دیکھ کر ایسی ہوئی روح فنا یاد نہیں

وعدہ برقیؔ سے کیا تھا جو نبھایا کہ نہیں
اُس نے برجستہ کہا بھول گیا یاد نہیں

***

اِک دلفریب خواب میں رکھا گیا مجھے
پھر مستقل عذاب میں رکھا گیا مجھے

بیدار کر کے شدتِ جذبات کو مری
یادوں کے اک سُراب میں رکھا گیا مجھے

ہے میرا ذہن فطرتِ سیماب کی طرح
ہر وقت اضطراب میں رکھا گیا مجھے

شیرازہ منتشر ہے کتابِ حیات کا
جس کے ہر ایک باب میں رکھا گیا مجھے

راہِ فرار کوئی نہیں ہے مرے لئے
یہ کیسے پیچ و تاب میں رکھا گیا مجھے

میں ڈھو رہا ہوں بارِ امانت جہان کا
فہرستِ انتخاب میں رکھا گیا مجھے

برقیؔ ہے آج ماہیِ بے آب کی طرح
کیوں خانۂ خراب میں رکھا گیا مجھے

٭٭٭

ناقابلِ اظہار ہے جذبات کا عالم
اُس رشکِ نگاراں سے مُلاقات کا عالم

شرمانا مجھے دیکھ کے اُس کا پسِ پردہ
اور چہرۂ زیبا پہ حجابات کا عالم

ہر بات پہ وہ روٹھنا پھر میرا منانا
تاخیر سے آنے کی شکایات کا عالم

اب پُرسشِ احوال کو آئے ہو کہاں تھے
ملنے و بچھڑنے پہ سوالات کا عالم

رہ رہ کے اندھیرے میں وہ بجلی کا چمکنا
طوفانِ بلاخیز میں برسات کا عالم

ہے نقش مرے دل پہ وہ یادوں کا تسلسل
پُر کیف ہے گزرے ہوئے لمحات کا عالم

بھولا ہے نہ بھولے گا یہ احمد علی برقیؔ
دُزدیدہ نگاہوں سے اِشارات کا عالم

٭٭٭

غنچے چمن میں آج ہیں یہ سر بُریدہ کیوں
گُل پیرہن ہیں باغ میں دامن دریدہ کیوں

آتا مجھے نظر ہے یہ رنگِ پریدہ کیوں
ہیں قید و بند میں یہ گُلِ نا رسیدہ کیوں

یہ کون باغباں ہے یہ کیسا نظام ہے
بارِ الم سے برگ و شجر ہیں خمیدہ کیوں

گلہائے رنگا رنگ سے زینت چمن کی ہے
گُل میرے بوستاں کے ہیں آفت رسیدہ کیوں

جمہوریت میں سب کے مساوی حقوق ہیں
میں کیوں ستم زدہ ہوں، وہ ہیں برگزیدہ کیوں

ناظر کے فکر و فن کا مرقع ہو جو غزل
سَر اُس کے سامنے نہ ہو میرا خمیدہ کیوں

برقیؔ تمھیں بتاؤ کریں کس سے باز پُرس
مُرغانِ خوشنوا ہیں یہاں آبدیدہ کیوں

***

خیال اُس کا مرے ذہن میں جب آتا ہے
تصورات کے گلشن میں گل کھلاتا ہے

ہیں آج دیدہ و دل فرشِ راہ اُس کے لئے
"کہ روز روز لبِ بام کب وہ آتا ہے"

یہ دیکھنے کے لئے میں ہوں سخت جاں کتنا
وہ اپنا تیر نظر مُجھ پہ آزماتا ہے

تصور اُس کا ہے پُر لطف خواب ہی میں سہی
وہ آ کے خانۂ دل کو مرے سجاتا ہے

بہار بن کے وہ آتا ہے باغِ ہستی میں
سکونِ قلب مرا ساتھ لے کے جاتا ہے

وہ اپنے ناز و ادا اور بیوفائی سے
کبھی ہنساتا ہے مُجھ کو کبھی رُلاتا ہے

نہ تابِ ہجر ہے اُس کی نہ تابِ نظّارہ
نہ جانے کیسا یہ برقیؔ سے اُس کا ناتا ہے

***

پاس آتے بھی نہیں اور بلاتے بھی نہیں
روٹھ جانے پہ مرے مجھ کو مناتے بھی نہیں

بدگمانی کا سبب کیا ہے بتاتے بھی نہیں
میری سُنتے بھی نہیں اپنی سُناتے بھی نہیں

منتشر کر کے وہ شیرازۂ ہستی میرا
خانۂ دل کو مرے آ کے سجاتے بھی نہیں

کیا کروں جاؤں کہاں کس سے کہوں حالِ زبوں
دل میں وہ غنچۂ اُمید کھلاتے بھی نہیں

روح فرسا ہے جدائی کا تصور اُن کی
پہلے آتے تھے خیالوں میں اب آتے بھی نہیں

شعلۂ عشق کو دیتے ہیں ہوا رہ رہ کر
دل میں وہ آگ لگاتے ہیں بجھاتے بھی نہیں

کر کے دزدیدہ نگاہوں سے اشارے برقیؔ
"صاف چھپتے بھی نہیں سامنے آتے بھی نہیں"

٭٭٭

وہ شمعِ آرزو کو بجھا کر چلے گئے
"آنکھوں میں بس کے دل میں سما کر چلے گئے"

راتوں کی نیند میری اُڑا کر چلے گئے
خوابیدہ حسرتوں کو جگا کر چلے گئے

جانا اگر تھا اُن کو تو آئے تھے کس لئے
سوزِ دُروں وہ میرا بڑھا کر چلے گئے

وہ اپنے ساتھ لے گئے میرا سکونِ قلب
اِک سبز باغ مجھ کو دکھا کر چلے گئے

جو کچھ کیا اُنھوں نے وہ اچھا نہیں کیا
میں ہنس رہا تھا مجھ کو رُلا کر چلے گئے

وہ مصلحت پسند تھے اِس کا نہ تھا گماں
اوقات میری مجھ کو بتا کر چلے گئے

میں دم بخود تھا دیکھ کے برقیؔ یہ ماجرا
آیا جو کچھ زباں پہ سُنا کر چلے گئے

***

مرے خواب جو تھے بکھر گئے کچھ اِدھر گئے کچھ اُدھر گئے
وہ دکھا کے ایک جھلک مجھے مرے سامنے سے گذر گئے

نہ تھا وصل میرے نصیب میں مجھے دے رہے تھے فریب وہ
میں تھا منتظر کہ وہ آئیں گے وہ تو وعدہ کر کے مکر گئے

مرے گِرد و پیش حصار ہے نہیں کوئی راہِ فرار ہے
میں ہوں سادہ لوح یہ جان کر پسِ پُشت وار وہ کر گئے

مرا دل خزاں کا شکار تھا مجھے انتظارِ بہار تھا
مگر آئی فصلِ بہار جب مرے بال و پر وہ کتَر گئے

جو بوقتِ عیش تھے آشنا وہ چلے گئے مجھے چھوڑ کر
سرِ راہ جب ہوا سامنا تو نظر بچا کے گزر گئے

تھا ستارہ میرا عروج پر تھے حریف خوف زدہ مرے
مگر آیا مجھ پہ زوال جب تو نصیب اُن کے سنور گئے

جسے دیکھئے وہ ہے غمزدہ میں ہوں برقیؔ شاعرِ بے نوا
جو تھے میرے ہمدم و ہم نشیں وہ نہ جانے آج کدھر گئے

***

"اگر نہ زہرہ جبینوں کے درمیاں گزرے"
تو میری شامِ طرب اور پھر کہاں گزرے

کروں تو کس سے کروں گفتگوئے راز و نیاز
دیارِ شوق سے اُن کا جو کارواں گزرے

جلو میں اپنے لئے شوخیِ بہارِ چمن
وہ گلعذار جب آئے تو گلفشاں گزرے

شمیمِ زُلف سے اُن کی فضا تھی عطر بدوش
مشامِ جاں تھی معطر جہاں جہاں گزرے

خمارِ خواب سے بیدار ہو گئیں آنکھیں
وہ میرے کوچۂ دل سے جو ناگہاں گزرے

خرامِ ناز تھا غارت گرِ سکوں اُن کا
جو اُن کی راہ سے گزرے وہ نیم جاں گزرے

غزل سرائی میں ہے پیروِ جگر برقیؔ
نہ اِس کا طرز کسی کو کبھی گراں گزرے

***

میں سمجھتا تھا جسے دراصل اپنا ہمسفر
نذرِ آتش کر دیا اُس نے بالآخر میرا گھر

اُس کے شر سے بھاگ کر جاؤں تو میں جاؤں کدھر
جرم خود جس نے کیا الزام آیا میرے سر

اپنا چارہ گر سمجھتا تھا جسے میں عمر بھر
میرے حالِ زار کی اُس کو نہیں کوئی خبر

کیا نہ آئے گی مرے گلزارِ ہستی میں بہار
میرا نخلِ آرزو کب تک رہے گا بے ثمر

ا اُس کا یہ طرزِ تغافل مار ڈالے گا مجھے
کچھ نہیں ہوتا مری عرضِ تمنا کا اثر

کر دیا ہے گردشِ حالات نے بے دست و پا
میں پہنچ جاتا وہاں اُڑ کر جو ہوتے بال و پر

کچھ نہ آئی کام میرے اشکباری ہجر میں
سو صفر جوڑے مگر برقیؔ نتیجہ تھا صفر

***

اِدھر جانے والے اُدھر جانے والے
"برابر سے بچ کر گُذر جانے والے"

کدھر جا رہا ہے نگاہیں بچا کر
اِدھر دیکھ لے اِک نظر جانے والے

ترے ہجر میں کیا گُذرتی ہے مُجھ پر
تجھے اِس کی ہے کچھ خبر جانے والے

مرے دلربا تو کب آئے گا آخر
فلک پر ہیں شمس و قمر جانے والے

بتا دے یہ از راہِ لُطف اُس کو جا کر
یہ حالِ زبوں نامہ بر جانے والے

یہ دردِ جُدائی ہے نا گفتہ بہ اب
سُنا دے یہ با چشمِ تر جانے والے

ہے صبر آزما اُس کا طرزِ تغافل
ہیں برقیؔ کے قلب و جگر جانے والے

***

میں اُنھیں اپنا بناؤں تو بناؤں کیسے
وہ تو روٹھے ہیں مناؤں تو مناؤں کیسے

حالِ دل اپنا سناؤں تو سناؤں کیسے
زخمِ دل اپنا دکھاؤں تو دکھاؤں کیسے

مُجھ سے شرمندہ ہیں وہ میں ہوں پشیماں اُن سے
اُن سے ملنے میں اگر جاؤں تو جاؤں کیسے

روح فرسا ہے جُدائی کا تصور اُن کی
یادِ ماضی میں بھلاؤں تو بھلاؤں کیسے

میرا سرمایہ ہے دیرینہ رفاقت اُن کی
اُسے غیروں پہ لُٹاؤں تو لُٹاؤں کیسے

میں اکیلے ہی سُبکدوش نہیں ہو سکتا
بارِ غم اُن کا اُٹھاؤں تو اُٹھاؤں کیسے

لوحِ دل پر جو مری نقش ہیں یادوں کے نقوش
اُن کو برقیؔ میں مٹاؤں تو مٹاؤں کیسے

***

شمعِ اُمید جلا کرتی ہے
دل میں اِک حشر بپا کرتی ہے

کبھی شعلہ کبھی شبنم بن کر
خانۂ دل میں رہا کرتی ہے

سر سے پا تک مجھے خود سے بیخود
اُس کی ہر ایک ادا کرتی ہے

بدگمانی کے سوا کچھ بھی نہیں
"جو مجھے تجھ سے جُدا کرتی ہے"

ہر گھڑی موردِ الزام مجھے
کیوں وہ بے جرم و خطا کرتی ہے

زندگی بارِ امانت ہے مری
اپنا جو حق ہے ادا کرتی ہے

یاد جب آتی ہے اُس کی برقؔ
زخمِ دل میرا ہرا کرتی ہے

٭ ٭ ٭

نہ راس آیا کبھی مجھ کو میرا پیار مجھے
"بہت کیا مری وحشت نے شرمسار مجھے"

بہت عزیز تھا وہ شوخ گلعذار مجھے
تھا اُس کے وعدۂ فردا پہ اعتبار مجھے

روحِ سخن (غزلیں) 149 احمد علی برقی اعظمی

کہاں ہے اور کب آئے گا کچھ نہیں معلوم
ہے صبر آزما اب اُس کا انتظار مجھے

یہیں سے گذرا ہے شاید وہ اشہبِ دوراں
دکھائی دیتا ہے اب دور سے غبار مجھے

نشاطِ روح تھا جس کا خیال آج وہی
غمِ حیات سے کرتا ہے ہمکنار مجھے

نگاہِ ناز میں تھا اُس کی کیف و سرمستی
ہے دِلخراش بہت آج یہ خمار مجھے

نگاہِ شوق ہے برقیؔ ہمیشہ چشم براہ
خیال آتا ہے اب اُس کا بار بار مجھے

***

ہو گیا شرمندۂ تعبیر خواب
سامنے جب آ گیا وہ بے نقاب

ہو گئیں میری دعائیں مستجاب
مل گیا میرے سوالوں کا جواب

جاگ اُٹھیں خوابیدہ جو تھیں حسرتیں
اب نہیں ہے دل میں کوئی پیچ و تاب

ہو گئے روشن اُمیدوں کے دیے
جب نظر آیا مجھے وہ بے نقاب

عشق ہے سود و زیاں سے بے نیاز
ہے نشاطِ روح یہ دورِ شباب

عشق ہے دراصل حُسنِ زندگی
عشق سے ہے زندگی میں آب و تاب

ہے مجھے اِس بات کا برقیؔ یقیں
دور ہو جائے گا ظلمت کا سحاب

***

آپ کا حُسنِ عمل حُسنِ بیاں تک پہنچے
دِل میں جو بات نہاں ہے وہ زباں تک پہنچے

آیئے ایسی فضا امن کی ہموار کریں
حُسنِ نیت جو یہاں ہے وہ وہاں تک پہنچے

دوستی جب بھی کریں جذبۂ اخلاص کے ساتھ
کہیں ایسا نہ ہو وہ سود و زیاں تک پہنچے

دل میں روشن کریں وہ شمعِ محبت جس کی
روشنی ایسی ہو دونوں کے مکاں تک پہنچے

دشمنی شعلۂ نفرت کو ہوا دیتی ہے
کہیں ایسا نہ ہو وہ آہ و فغاں تک پہنچے

اس سے بچنے کی تدابیر کو رکھیں ملحوظ
اِس سے پہلے کہ کوئی تیر کماں تک پہنچے

ہے مشن میرا فقط "امن کی آشا" برقیؔ
"میرا پیغام محبت ہے جہاں تک پہنچے"

***

راہ اپنے لئے بے خوف و خطر پیدا کر
"جو کسی در پہ نہ جھکتا ہو وہ سر پیدا کر"

بڑھ کے چومے گی قدم منزلِ مقصود ترا
شرط ہے اِس کے لئے عزمِ سفر پیدا کر

خود بخود دعوتِ نظّارہ وہ دیں گے تجھ کو
سامنے آئیں گے وہ ذوقِ نظر پیدا کر

بحرِ ذخّار میں امواجِ حوادث سے نہ ڈر
ہے اگر ذوقِ طلب لعل و گہر پیدا کر

ہے اگر راہِ ترقی میں تری یہ حائل
عزمِ محکم ہے تو دیوار میں در پیدا کر

اُسوۂ حیدرِ کرّار کو رکھ پیشِ نظر
رزم میں سینۂ اغیار میں ڈر پیدا کر

وقت یکساں نہیں رہتا ہے ہمیشہ برقیؔ
شبِ تاریک کے دامن سے سحر پیدا کر

٭٭٭

ناقابلِ اظہار تھا پہلے غمِ جاناں
اب درپئے آزار ہے یہ گردشِ دوراں

کرتا نہیں کوئی بھی مری پُرسشِ احوال
افسانۂ ہستی کا یہی ہے مرے عُنواں

میں خانماں برباد ہوا اُس کی وجہ سے
وہ خانہ بر انداز ہے اِس بات پہ نازاں

معلوم نہیں کچھ بھی وہ گزرے گا کہاں سے
ہے اُس کے تعاقب میں مری دیدۂ حیراں

رہبر جسے سمجھا تھا میں دراصل تھا رہزن
اُس نے ہی کہا ہے مجھے یہ بے سر و ساماں

موضوعِ سخن ہے مرا رودادِ زمانہ
ہیں وقت کی آواز یہ افکارِ پریشاں

سائے سے گُریزاں ہیں مرے اب مرے ہمزاد
برقیؔ ہوں میں یہ دیکھ کے انگشت بدنداں

٭٭٭

میں جدائی تری کس طرح سہوں شام کے بعد
بِن ترے تو ہی بتا کیسے رہوں شام کے بعد

دن کسی طرح گذر جاتا ہے لیکن ہمدم
اور بڑھ جاتا ہے یہ سوزِ دروں شام کے بعد

جز ترے کون کرے گا مری وحشت کا علاج
کس سے میں اپنا کہوں حالِ زبوں شام کے بعد

یاد آتے ہیں مجھے جب کبھی گذرے لمحات
کیا کہوں کس سے کہوں کیسے کہوں شام کے بعد

کیا کروں جاؤں کہاں کون سنے گا میری
حالِ دل اپنا کہوں یا نہ کہوں شام کے بعد

آتا رہتا ہے مرے ذہن میں اکثر یہ خیال
کیا ملے گا کبھی مجھ کو بھی سکوں شام کے بعد

ضبط کرتا ہوں بہت احمد علی برقیؔ مگر
بڑھنے لگتا ہے مرا جوشِ جنوں شام کے بعد

٭٭٭

سکونِ قلب کسی کو نہیں میسر آج
شکستِ خواب ہے ہر شخص کا مقدر آج

ہے وضعِ حال مری کیوں یہ بد سے بد تر آج
امیر شہر کے بدلے ہوئے ہیں تیور آج

ہر ایک شخص ہے اپنے حصار میں محصور
ہے سب کے در پئے آزار وہ ستمگر آج

کیا ہے گردشِ دوراں نے دربدر سب کو
جو سر میں پہلے تھا وہ پاؤں میں ہے چکر آج

سمجھ رہا تھا جسے خیر خواہ میں اپنا
وہی ہے دشمنِ جاں میرا سب سے بڑھ کر آج

فصیلِ شہر کے اندر تھے کتنے اہلِ ہُنَر
نہیں ہے جن سے شناسا کوئی بھی باہر آج

دکھا رہا ہے مجھے سبز باغ جو برقیؔ
وہ لے کے پھرتا ہے کیوں آستیں میں خنجر آج

***

خزاں چلی گئی فصلِ بہار ہے آ جا
ہر ایک سانس رگِ جاں پہ بار ہے آ جا

روحِ سخن (غزلیں) 155 احمد علی برقی اعظمی

نہیں ہے تیرے سوا میرا مدعا کچھ بھی
متاعِ شوق یہ تجھ پر نثار ہے آ جا

نشاطِ روح ہے تیرا نیاز و ناز مجھے
ہر اک ادا سے تری مجھ کو پیار ہے آ جا

سکونِ قلب میسر نہیں ہے تیرے بغیر
ترے فراق میں دل بیقرار ہے آ جا

تجھے عزیز ہے جو کچھ یہاں میسر ہے
فضائے صحنِ چمن خوشگوار ہے آ جا

ہے صبر آزما تیرا یہ وعدۂ فردا
دلِ حزیں کو ترا انتظار ہے آ جا

نہیں کرے گا گلے شکوے تجھ سے کچھ برقیؔ
اگر ذرا بھی تجھے اعتبار ہے آ جا

***

شرق ہے اب غرب کی آماجگاہ
اِس کے شر سے دے خدا سب کو پناہ

آج ہے جِن کی زباں پر واہ واہ
کل یہی بُزدل بھریں گے سرد آہ

نام لے کر امن کا کرتے ہیں جنگ
بنتے ہیں نوعِ بشر کے خیر خواہ

ہیں بظاہر امنِ عالم کے نقیب
ہر جگہ ہے تیل پر اِن کی نگاہ

ہے تن آسانی ابھی اِن کا شعار
خوابِ غفلت میں ابھی ہیں کج کُلاہ

اِن کے شر سے کوئی بچ سکتا نہیں
ایک دن سب کو کریں گے یہ تباہ

درسِ عبرت ہے یہ برقیؔ کی غزل
کوہ تھا جو پہلے ہے وہ آج کاہ

***

وہ حسبِ وعدہ نہ آیا تو آنکھ بھر آئی
مجھے تماشا بنایا تو آنکھ بھر آئی

سجا کے رکھتا تھا پلکوں پہ جس کو میں اکثر
نظر سے اُس نے گرایا تو آنکھ بھر آئی

ہمیشہ کرتا تھا میری جو ناز برداری
اُسی کا ناز اُٹھایا تو آنکھ بھر آئی

جسے سمجھتا تھا میں دلنواز جب اُس سے
سکونِ قلب نہ پایا تو آنکھ بھر آئی

وہ مجھ سے بھرتا تھا دم دوستی کا لیکن جب
عدو سے ہاتھ ملایا تو آنکھ بھر آئی

نہ تھا یہ وہم و گُماں مجھ کو وہ بلائے گا
اچانک اُس نے بُلایا تو آنکھ بھر آئی

نہیں ہے شکوہ کوئی دشمنوں سے اے برقیؔ
فریب دوست سے کھایا تو آنکھ بھر آئی

***

"اے نگارانِ خوبرو آؤ"
خانۂ دل ہے مشکبو آؤ

تم ہو مشاطۂ عروسِ غزل
ہو تمہیں اس کی آبرو آؤ

گلشنِ دل تمہیں سے ہے آباد
ہو تمہیں جانِ رنگ و بو آؤ

چھوٹ جائے کہیں نہ دامنِ صبر
چشمِ نَم ہے لہو لہو آؤ

ختم کب ہو گا یہ حجاب آخر
گفتگو ہو گی روبرو آؤ

ہے ضروری اگر طہارتِ قلب
ہے ابھی تک یہ باوضو آؤ

تم نے برقیؔ کا ساتھ چھوڑ دیا
ہے یہی ذکر کو بکو آؤ

***

نہایت مختصر ہے زندگی آؤ ذرا ہنس لیں
اگرچہ عارضی ہے یہ ہنسی آؤ ذرا ہنس لیں

ہمارے واسطے ہے درسِ عبرت زندگی گُل کی
کھِلی ہے مثلِ گُل دل کی کلی آؤ ذرا ہنس لیں

ذرا سی ٹھیس سے یہ شیشۂ دل ٹوٹ جاتا ہے
تمناؤں کی محفل ہے سجی آؤ ذرا ہنس لیں

جہانِ رنگ و بو کی زیب و زینت دیکھ لیتے ہیں
ابھی باقی ہے کچھ کچھ دلکشی آؤ ذرا ہنس لیں

کریں گے پیش اُس کے سامنے رودادِ دل اپنی
وہ سن کر بھی نہ کر دے اَن سُنی آؤ ذرا ہنس لیں

نہ جانے کب وہ صادر کر دے پھر حکمِ زباں بندی
ابھی کچھ دن کی ہے مُہلت ملی آؤ ذرا ہنس لیں

مزاجِ یار ہے برقؔ کبھی شعلہ کبھی شبنم
نہ جانے کب کرے پھر دل لگی آؤ ذرا ہنس لیں

***

اور بھی ہوں گے مہ جبیں آپ کی بات اور ہے
آپ فلک ہیں وہ زمیں آپ کی بات اور ہے

اپنا موازنہ بھلا آپ نے کس سے کر دیا
وہ تو ہے مارِ آستیں آپ کی بات اور ہے

حُسن و جمال آپ کا دلکش و دلنواز ہے
خاتمِ حُسن کے نگیں آپ کی بات اور ہے

مُجھ کو بہت عزیز ہے ناز و نیاز آپ کا
جو ہے حیات آفریں آپ کی بات اور ہے

آپ کی جلوہ گاہ ہے خانۂ دل یہ جانِ من
آپ یہیں رہیں مکیں آپ کی بات اور ہے

کس کی مجال ہے بھلا آپ سے ہمسری کرے
کس نے کہا نہیں نہیں آپ کی بات اور ہے

ہو گا رقیب آپ کا جس نے اُڑائی یہ خبر
برقیؔ پہ کیجئے یقیں آپ کی بات اور ہے

***

میں تیرا گلشنِ ہستی سجانے آیا ہوں
نئے شگوفے نئے گل کھلانے آیا ہوں

وفا شعار ہوں وعدہ شکن نہیں ہوں میں
جو عہد تجھ سے کیا تھا نبھانے آیا ہوں

اُڑا کے نیند مری سو رہا ہے چین سے تو
خمارِ خواب سے تجھ کو جگانے آیا ہوں

مجھے نہ تیری خبر ہے تجھے نہ میری خبر
میں تیری سننے اور اپنی سنانے آیا ہوں

گزر رہے ہیں شب و روز کس طرح میرے
براہِ راست تجھے یہ بتانے آیا ہوں

جہاں نما ہے مرے دل کا آئینہ اِس میں
جو میں نے دیکھا تجھے بھی دکھانے آیا ہوں

نہ دے گا اور کوئی امتحان اب برقیؔ
میں تیرا ظرف یہاں آزمانے آیا ہوں

***

تیرہ و تار زندگی ہے ابھی
"جانے کس چیز کی کمی ہے ابھی"

کب کرے گا وہ پُرسشِ احوال
کتنی ویران زندگی ہے ابھی

صُبح ہونے میں ہے ابھی تاخیر
پھر چلے جانا تیرگی ہے ابھی

مُنتشر ہے ہمارا شیرازہ
کس قدر ہم میں بے حسی ہے ابھی

دے گا دستک وہ کب درِ دل پر
اوج پر اُس کی بے رُخی ہے ابھی

کیا ملے گا اُجاڑ کر تم کو
دل کی دُنیا مرے بسی ہے ابھی

میں بہت سخت جان ہوں برقیؔ
روح میں میری تازگی ہے ابھی

***

حُسن میں اُس کے دلکشی ہے ابھی
دلنشیں شانِ دلبری ہے ابھی

روح پرور ہے اُس کا حُسن و جمال
دیکھ کر اُس کو بیخودی ہے ابھی

ہے مرے سامنے وہ جانِ غزل
جس سے سرشار زندگی ہے ابھی

میں ابھی تک ہوں تیرا شیدائی
یہ بتا مُجھ میں کیا کمی ہے ابھی

بھر دے پیمانہ میرا اے ساقی
اور دے اور تشنگی ہے ابھی

اُس کی ریشہ دوانیاں مت پوچھ
کتنا کم ظرف آدمی ہے ابھی

نہیں برقیؔ کو ہے سکونِ قلب
"جانے کس چیز کی کمی ہے ابھی"

***

اُس کا عرضِ مدعا میں نے سنا اچھا لگا
جو بھی اس کے دل میں تھا اُس نے کہا اچھا لگا

دل کو دل سے راہ ہوتی ہے یہ ہے ضرب المثل
رابطہ اُس نے دوبارہ کر لیا اچھا لگا

ہو گیا تھا منتشر شیرازۂ ہستی مرا
پھر بڑھایا اُس نے میرا حوصلا اچھا لگا

تھا بہت صبر آزما اُس سے یہ قطعِ رابطہ
درمیاں کوئی نہیں اب فاصلا اچھا لگا

تیرہ و تاریک تھی شمعِ شبستانِ وجود
میری دلجمعی کا ساماں ہو گیا اچھا لگا

کر رہا تھا بزمِ دل آراستہ وہ اس طرح
آئینے کے تھا مقابل آئینا اچھا لگا

جاتے جاتے حسرتِ دیدارِ برقیؔ تھی اسے
پھر کنکھیوں سے وہ اُس کا دیکھنا اچھا لگا

***

خانۂ دل میں تھے مہماں آپ تو ایسے نہ تھے
کر دیا کیوں اِس کو ویراں آپ تو ایسے نہ تھے

آپ توافسانۂ ہستی کا عنواں تھے مرے
دیکھ کر اب ہیں گریزاں آپ تو ایسے نہ تھے

توڑ ڈالا زندگی بھر ساتھ دینے کا بھرم
کیا ہوئے وہ عہد و پیماں آپ تو ایسے نہ تھے

میرے دل میں کچھ نہیں ہے بھول جائیں آپ بھی
کس لئے ہیں اب پشیماں آپ تو ایسے نہ تھے

آپ کے لب پر ہے آخر آج کیوں مُہرِ سکوت
سازِ دل پر تھے غزلخواں آپ تو ایسے نہ تھے

کیف و سرمستی کا ساماں آپ تھے میرے لئے
مثلِ آئینہ ہیں حیراں آپ تو ایسے نہ تھے

کچھ بتائیں تو سہی اِس بدگمانی کا سبب
کیوں ہیں اب برقیؔ سے نالاں آپ تو ایسے نہ تھے

***

آج جیسی اُس کی ہے چاہت کبھی ایسی نہ تھی
"غم کبھی ایسا نہ تھا،راحت کبھی ایسی نہ تھی"

میرے گلزارِ تمنا میں کب آئے گی بہار
اُف خزاں دیدہ کوئی ساعت کبھی ایسی نہ تھی

اُس نے بھیجا ہے مجھے پیمانِ تجدیدِ وفا
آج ہے جیسی مری حالت کبھی ایسی نہ تھی

تیرہ و تاریک ہے یہ زندگی اُس کے بغیر
شومیِ تقدیر سے ظُلمت کبھی ایسی نہ تھی

اُس کا یہ طرزِ تغافل مار ڈالے گا مجھے
مجھ سے غافل تھا مگر غفلت کبھی ایسی نہ تھی

ہے بہت صبر آزما میرے لئے یہ انتظار
پہلے تو میری شبِ فُرقت کبھی ایسی نہ تھی

ڈاکٹر احمد علی برقیؔ کا ہے جو حالِ زار
باعثِ آزردگی اُلفت کبھی ایسی نہ تھی

***

اے غنچہ دہن رشکِ چمن ماہ جبیں اور
اللہ کرے تجھ کو تو ہو جائے حسیں اور

مسکن ہے ترا صرف مرے خانۂ دل میں
محفوظ جگہ اس سے نہیں کوئی کہیں اور

آرائش و تزئین مکاں کی ہے مکیں سے
تجھ سا نہیں مرغوب مجھے کوئی مکیں اور

آنا ہے تو آ میرے لئے آ مرے گھر آ
جینے نہیں دیں گے تجھے یہ اہلِ زمیں اور

اُس بزمِ نگاراں میں نہ تھا کوئی بھی تجھ سا
کہنے کو تو دیکھے ہیں وہاں میں نے حسیں اور

زینت ہیں سبھی ماہ و نجوم عرشِ بریں کی
ہے جلوہ گہہِ ناز تری فرشِ زمیں اور

احمد علی برقیؔ سے تغافل نہیں اچھا
ہوتا ہے اُسے دیکھ کے کیوں چیں بہ جبیں اور

***

مرے سامنے سے گزر گئے، مجھے سبز باغ دکھا گئے
"وہ جو بیچتے تھے دوائے دل وہ دکان اپنی بڑھا گئے"

مجھے اک جھلک وہ دکھا گئے، مرے ذہن و فکر پہ چھا گئے
نہیں بھول سکتا میں عمر بھر،مجھے دے کے ایسی دغا گئے

مری خوابگاہ میں آ کے وہ،مجھے خواب ایسا دکھا گئے
میں تھا اُن کو دیکھ کے دم بخود،مجھے اُنگلیوں پہ نچا گئے

مرے سوزِ دل کو بڑھا گئے،مری زندگی سے وہ کیا گئے
مری شمعِ دل کو جلا کے پھر،اُسے ناگہاں وہ بجھا گئے

مجھے جس کا وہم و گماں نہ تھا،مجھے دے کے ایسی سزا گئے
جو متاعِ دل اُنھیں سونپ دی،تو نظر سے اپنی گرا گئے

مری سادہ لوحی تھی جو مجھے،وہ شکار اپنا بنا گئے
اُنھیں ڈھونڈنے میں جہاں گیا،وہیں جال اپنا بچھا گئے

روحِ سخن (غزلیں) 167 احمد علی برقی اعظمی

میں ہوں برقیؔ ایسا ستم زدہ، جسے جیتے جی وہ اُٹھا گئے
مجھے یاد تھے مجھے یاد ہیں، جو نقوش دل سے مٹا گئے

***

پیغامِ محبت کی صدا بن کے رہیں
سرچشمۂ آئینِ وفا بن کے رہیں

آئے ہیں اگر خانۂ دل میں تو یہاں
اس شمعِ شبستاں کی ضیا بن کے رہیں

کردار ہے جو اپنا ادا اُس کو کریں
پاکیزگیِ شرم و حیا بن کے رہیں

ہو آپ کا گلزارِ تمنا سرسبز
گلزارِ محبت کی فضا بن کے رہیں

اقصائے جہاں جس سے معطر ہو جائے
گلشن میں رہیں بادِ صبا بن کے رہیں

ہو حسنِ عمل آپ کا منظورِ نظر
ہر شخص کے ہونٹوں پہ دعا بن کے رہیں

سننے کے لئے جس کو سبھی ہیں مشتاق
سازِ دلِ برقیؔ کی نوا بن کے رہیں

***

بات اب سب کی زباں پر نگہِ یار کی ہے
غمزہ و ناز و ادا شوخیِ گفتار کی ہے

دیکھنے والوں کا ہے چاروں طرف ایک ہجوم
قابلِ دید فضا رونقِ بازار کی ہے

خوبروئی میں نہیں اُس کا کوئی بھی ہمسر
بات اب حُسنِ دل آرام کی بیکار کی ہے

جب سے دیکھا ہے اُسے بھول گیا ہوں خود کو
آزمائش مری اب قوتِ اظہار کی ہے

ہے نظر شافعِ محشر کی طرف سب کی وہاں
"دھوم ہی دھوم فقط حشر میں دیدار کی ہے"

اب کوئی پُرسشِ احوال کو کیوں آئے گا
آج کل اوج پہ قسمت مرے اغیار کی ہے

سابقہ جس سے پڑا مصلحت اندیش تھے سب
آج برقیؔ کو ضرورت کسی غمخوار کی ہے

***

گزرے نہ وہ کسی پہ جو مجھ پر گزر گیا
شیرازۂ حیات اچانک بکھر گیا

سوہانِ روح میرے لئے تھا یہ سانحہ
دے کر پیامِ دربدری نامہ بر گیا

میرا خیالِ خام تھا وہ یا کچھ اور تھا
ہمزاد ساتھ ساتھ رہا میں جدھر گیا

دل تھا مزارِ حسرت و ارماں مرے لئے
میرا نہالِ آرزو بے موت مر گیا

فضلِ خدا سے وار سبھی بے اثر رہے
تیرِ قضا قریب سے ہو کر گزر گیا

مفلوج ہوکے رہ گیا تخلیق کا عمل
سر سے خمارِ شاعری میرے اُتر گیا

برقیؔ کی آپ بیتی ہے پیشِ نظر غزل
سیلابِ ابتلا تھا جو سر سے گزر گیا

***

میرے اظہارِ تمنا کی خبر ہے کہ نہیں
نخلِ اُمید میں اب کوئی ثمر ہے کہ نہیں

کب تک آخر میں سہوں صدمۂ دردِ دوری
میری قسمت میں وہ منظورِ نظر ہے کہ نہیں

تیرہ و تار ہے کب سے یہ شبستانِ حیات
کچھ تو بولو ابھی امکانِ سحر ہے کہ نہیں

کون ہوں، کیا ہوں، کہاں ہوں نہیں کچھ اس کی خبر
میرے پہلو میں جو رہتا تھا وہ سر ہے کہ نہیں

ایک مدت سے نہیں اُس سے کوئی گفت و شنید
جذبۂ شوق اِدھر جو ہے اُدھر ہے کہ نہیں

جس کی نظروں میں کھٹکتا ہے سدا میرا وجود
آج وہ خانہ بر انداز اِدھر ہے کہ نہیں

ہو گی آخر اثر انداز یہ برقیؔ کب تک
"میری آہوں سے جہاں زیرو زَبَر ہے کہ نہیں"

***

بہارِ گلشنِ ہستی، نقوشِ جاوداں ہو جا
تو حُسنِ خُلق سے سب کے دلوں پر حکمراں ہو جا

بھروسہ رکھ ہمیشہ قوتِ بازو پہ تو اپنے
میں تیرے ساتھ ہوں چل،اور میر کارواں ہو جا

تری شیرینیِ گُفتار اور کردار کی خوشبو
بکھر جائے گی عالم میں،چمن میں گُلفشاں ہو جا

بقولِ خُسروؔ آ، ہو جائیں ہم یک جان و دو قالب
میں تیرا ہم زباں ہوں تو بھی میرا ہم زباں ہو جا

نشاطِ روح ہے میری بہارِ بے خزاں اِس کی
ضرورت ہے تری آ،اِس چمن کا باغباں ہو جا

اگر اُردو سے تجھ کو عشق ہے "اُردو جہاں " پر آ
شریکِ بزم ہو کر اِس کی تو روحِ رواں ہو جا

شعورِ معرفت مضمر ہے برقیؔ خودشناسی میں
"خودی کا راز داں ہو جا، خدا کا تَرجماں ہو جا"

* * *

بہارِ جاں فزا آنا خزاں کا دور ہو جانا
ہے فالِ نیک عرضِ مدعا منظور ہو جانا

بسی ہے اُس کی تصویرِ تصور میری آنکھوں میں
غم و رنج و اَلم دل سے مرے کافور ہو جانا

مرا دل جانتا ہے کس قدر یہ روح فرسا تھا
ترے تیرِ نظر کے زخم کا ناسور ہو جانا

قضا و قدر پر ہے مُنحصر شیرازۂ ہستی
کبھی مختار ہو جانا کبھی مجبور ہو جانا

تجاوز اپنی حد سے مت کرو پچھتاؤ گے ورنہ
نہیں دیتا ہے تم کو زیب یہ مغرور ہو جانا

عروجِ ابنِ آدم پیشِ خیمہ ہے تباہی کا
مضر ہے اس کا طاقت کے نشے میں چور ہو جانا

یہی ہے حدِ فاصل عابد و معبود میں برقیؔ
"خُدا کا قُرب کیا شے ہے خودی سے دور ہو جانا"

***

جنونِ انتہائے شوق میں وہ کام ہو جائے
کہیں ایسا نہ ہو یہ راز طشت از بام ہو جائے

ہر اِک ظلم و ستم سہہ کر کبھی اُف تک نہیں کرتا
مجھ اِس بات کا ڈر ہے نہ وہ بدنام ہو جائے

چلو مل کر منائیں ساتھ جشنِ کامرانی ہم
"تمہارے نام کی اِک خوبصورت شام ہو جائے"

کہاں پھرتے ہو لے کر ساتھ چلتا پھرتا میخانہ
اِدھر دیکھو نگاہِ ناز سے اِک جام ہو جائے

اسی سے عظمتِ رفتہ کا ہے میری بھرم قایم
نہ یہ اَسلاف کی میراث بھی نیلام ہو جائے

روحِ سخن (غزلیں) 173 احمد علی برقی اعظمی

مٹانا چاہتے ہیں صفحۂ ہستی سے وہ ہم کو
کہیں اب جان کا دشمن نہ یہ الزام ہو جائے

سُنا ہے بد ہے اچھا اور بُرا بدنام ہوتا ہے
کہیں ثابت نہ یہ برقیؔ خیالِ خام ہو جائے

***

ہم نشین و ہم خیال و ہم زباں ہو جائے گی
آج جو نا مہرباں ہے مہرباں ہو جائے گی

ہونے دے تجھ سے گُریزاں ہو رہی ہے وہ اگر
ایک دن تیری وہی روحِ رواں ہو جائے گی

رفتہ رفتہ ہوں گے یہ حالات تیرے سازگار
یہ خزاں اک دن بہارِ جاوداں ہو جائے گی

حوصلہ رکھ نذرِ طوفانِ حوادث ہے ابھی
پار تیری کشتیِ عمرِ رواں ہو جائے گی

جلد ہو گا تجھ کو حاصل میزبانی کا شرف
خانۂ دل میں وہ تیرے میہماں ہو جائے گی

آج جو بزمِ سخن میں تیرہ و تاریک ہے
کل سپہرِ فکر و فن پر کہکشاں ہو جائے گی

پوچھتا کوئی نہیں بزمِ سخن میں آج اسے
شاعری برقیؔ کی زیبِ داستاں ہو جائے گی

***

جیسے میں تنہا ہوں ویسے وہ بھی تنہا ہو نہ ہو
سوچتا ہوں میں جو اس نے بھی وہ سوچا ہو نہ ہو

مجھ کو ایسا ہے گُماں در اصل ایسا ہو نہ ہو
جاگتے گزری مری شب، وہ بھی سویا ہو نہ ہو

آتے ہیں ہر سو نظر گندم نما کچھ جو فروش
آنکھ پر میری طرح اُس کی بھی پردا ہو نہ ہو

ہوتا ہے اکثر گُذر میرا دیارِ شوق سے
دیکھتا ہوں میں اُسے اُس نے بھی دیکھا ہو نہ ہو

میرے دل پر جو گُذرتی ہے مجھے معلوم ہے
حالِ دل میری طرح اُس کا بھی اچھا ہو نہ ہو

اُس کی خوئے بے نیازی سے یہ آتا ہے خیال
کچھ نہیں اُس کی خبر مجھ سے وہ روٹھا ہو نہ ہو

آج کل ہوں حاسدوں کی زد میں برقیؔ اس لئے
میں سرِ بازار رسوا ہوں وہ رسوا ہو نہ ہو

***

آپ میرے ہمنوا میں آپ کا ہمراز ہوں
آپ کی مضرابِ خوش آہنگ کا میں ساز ہوں

بندہ پرور آپ کی ٹوٹے کی کب مُہرِ سکوت
کچھ سُنائیں تو سہی میں گوش بر آواز ہوں

مُنحصر ہے آپ پر یہ عشرتِ خواب و خیال
آپ کے مُرغِ تخیل کا پرِ پَرواز ہوں

آپ رہتے ہیں سدا جس کی رگِ جاں کے قریب
میں وہی حلقہ بگوشِ غمزۂ غمّاز ہوں

آپ کی قُربت نشاطِ روح ہے میرے لئے
آپ ہیں انجام جس کا میں وہی آغاز ہوں

آپ ہیں میرے لئے آئینۂ عکسِ جمال
آپ جس سے دیکھتے ہیں وہ نگاہِ ناز ہوں

ڈاکٹر احمد علی برقیؔ مُجھے کہتے ہیں سب
آپ گُل، میں عندلیبِ گلشنِ شیراز ہوں

***

قحط الرجال ایسا ہے اب کس کو ہوش ہے
پہلے تھا جیسے اب وہ کہاں آج جوش ہے

سر سیدؒ اور حالیؔ و شبلیؔ نہیں رہے
اوجِ کمال پر ہے جو ملت فروش ہے

بارِ سماعت آج ہے اُن کو سخن مرا
تارِ نَفَس یہ سوچ کے میرا خموش ہے

آماجگاہِ غرب ہے برقیؔ دیارِ شرق
جو محوِ خواب ہیں انھیں کب اس کا ہوش ہے

کابل گیا، عراق گیا، لیبیا گیا
اب آج اُن کا دیدنی جوش و خروش ہے

غالبؔ نے شاید اس لئے پہلے ہی کہہ دیا
"اک شمع رہ گئی ہے، سو وہ بھی خموش ہے"

ایک ایک کر کے سب کو بنائیں گے وہ شکار
برقیؔ غزل یہ میری نوائے سروش ہے

***

دلدار نے یہ دل کا سودا نہ کیا ہوتا
اِس طرح مجھے اُس نے دھوکا نہ دیا ہوتا

وہ اپنے حریفوں میں شامل نہ مجھے کرتا
نام اُس نے سرِ محفل میرا نہ لیا ہوتا

جو زخم دئے اُس نے مشکل سے بھریں گے وہ
وہ میرے رقیبوں سے چھپ کر نہ ملا ہوتا

پوری جو ہوئی ہوتی یہ حسرتِ دل میری
بے موت نہیں مرتا، کچھ اور جیا ہوتا

دل جوئی ہی کر لیتا، کرتا نہ دل آزاری
"یارب غمِ ہجراں میں اتنا تو کیا ہوتا"

گر میری وفاؤں کا وہ مجھ کو صلہ دیتا
جو حال ہے اب میرا ایسا نہ ہوا ہوتا

مشکل تھا اگر آنا برقیؔ کو بلا لیتا
یہ خونِ تمنا تو اُس نے نہ کیا ہوتا

٭٭٭

یہ تیر نظر اُس کا ہرگز نہ خطا ہوتا
وہ مُجھ سے ملا ہوتا میں اُس سے ملا ہوتا

کچھ اپنی سناتا میں کچھ میری بھی وہ سنتا
ہوتا نہ اُسے شکوہ مجھ کو نہ گلِا ہوتا

اس وعدہ خلافی سے ہے سخت مجھے نفرت
گر اُس کو نہ آنا تھا وعدہ نہ کیا ہوتا

میں نے ہی تراشا ہے ہیرے کی طرح اُس کو
پتھر کی طرح ورنہ راہوں میں پڑا ہوتا

کیا میں نے بگاڑا تھا کیوں اُس نے کیا ایسا
اے کاش مجھے اُس نے دھوکا نہ دیا ہوتا

بجلی نہ گراتا وہ گر اپنی نگاہوں سے
یہ خانۂ دل ہرگز میرا نہ جلا ہوتا

ہرحال میں اے برقیؔ راضی بہ رضا ہوں میں
اُس کا نہ بُرا ہوتا، میرا نہ بھلا ہوتا

***

نہ تو ملتا ہے وہ مجھ سے نہ جُدا ہوتا ہے
کچھ سمجھ میں نہیں آتا کہ یہ کیا ہوتا ہے

ہو گئی ہے مری تدبیر پہ حاوی تقدیر
"وہی ہوتا ہے جو منظورِ خدا ہوتا ہے"

دل کی کر دیتا ہے دُنیا وہ مرے زیر و زَبَر
روز کوئی نہ کوئی حشر بپا ہوتا ہے

دیکھتے دیکھتے ہو جاتا ہے روپوش کبھی
ناگہاں پیشِ نظر جلوہ نما ہوتا ہے

دیکھتا رہتا ہوں میں ساکت و صامِت اس کو
جب کبھی شومیِ قسمت سے خفا ہوتا ہے

کس قدر ریشہ دوانی میں ہے ماہر مت پوچھ
جو بھی الزام ہے بے جُرم و خطا ہوتا ہے

جب نہیں دیتا درِ دل پہ وہ دستک برقیؔ
کیا بتاؤں میں تمہیں ایسے میں کیا ہوتا ہے

٭٭٭

اُس پری پیکر سے جب میری شناسائی ہوئی
بعد از آں میرے لئے دشوار تنہائی ہوئی

اُس کا رعبِ حسن تھا غارت گرِ ہوش و خرد
دیکھتے ہی سلب اُس کو تابِ گویائی ہوئی

اُس کا آنا زندگی میں تھا مری اک فالِ نیک
کھِل اُٹھی دل کی کلی وہ جو تھی مُرجھائی ہوئی

شامتِ اعمال میری مُجھ کو لے آئی وہاں
"ہائے کیسی اس بھری محفل میں رسوائی ہوئی"

زالِ دُنیا نے دیا ہر گام پر مجھ کو فریب
جس کو میں اپنا سمجھتا تھا وہ ہرجائی ہوئی

اُن میں آپس میں نہ جانے کیا ہوئی گفت و شنید
میں نے دیکھا اُس کی تھی آواز بھرّائی ہوئی

میرا منظورِ نظر مُجھ سے رہا ناآشنا
بے نتیجہ میری برقیؔ خامہ فرسائی ہوئی

***

تھا مرا خانۂ دل بے سر و ساماں جاناں
اِس میں وحشت کے تھے آثار نمایاں جاناں

تو ہی افسانۂ ہستی کا ہے عنواں جاناں
سازِ دل دیکھ کے تجھ کو ہے غزلخواں جاناں

کیا ہوا کچھ تو بتا کیوں ہے پریشاں جاناں
آئینہ دیکھ کے کیوں آج ہے حیراں جاناں

شکریہ یاد دہانی کا میں ہوں چشم براہ
یاد ہے وعدۂ فردا ترا ہاں ہاں جاناں

تجھ سے پہلے تھا یہاں صرف خزاں کا منظر
تیرے آنے سے ہے اب فصلِ بہاراں جاناں

بال بانکا نہیں کرسکتا ترا کوئی کبھی
میں ترے ساتھ ہوں تو مت ہو حراساں جاناں

مُرتعش پہلے تھا برقیؔ یہ مرا تارِ وجود
جانے کیوں آج پھڑکتی ہے رگِ جاں جاناں

***

ہیں یہ افکارِ پریشاں مظہرِ سوزِ دروں
گردشِ حالات پر میں تبصرہ کیسے کروں

لوحِ دل پر مُرتسم ہیں یہ جو یادوں کے نقوش
سوچتا ہوں کیا لکھوں کیسے لکھوں اور کیوں لکھوں

یادِ ماضی فکرِ امروز اور فردا کا ہجوم
دیکھئے کیا کیا دکھاتا ہے مجھے جوشِ جنوں

بحرِ امواجِ حوادث میں سفینہ ہے مرا
جس طرف بھی دیکھتا ہوں سامنے ہے موجِ خوں

ساکت و صامت قلم ہے گُنگ ہے میری زباں
ساتھ دیتے ہی نہیں الفاظ میرا کیا کہوں

آج کل ہے نا مساعد گردشِ لیل و نہار
ہو گیا ہے قصۂ پارینہ اب ذہنی سکوں

پہلے میں بھی تھا اُنہیں کی طرح برقیؔ سربلند
گردشِ حالات نے اب کر دیا ہے سرنگوں

***

فیض سے عاری ہیں جو فیضان کہلاتے ہیں لوگ
جو ہیں دانا آج کل نادان کہلاتے ہیں لوگ

ایسے بھی دیکھے ہیں میں نے صاحبِ علم و ہُنر
نام رکھتے ہیں مگر انجان کہلاتے ہیں لوگ

جن میں کوئی بھی نہیں ہے آدمیت کا نشاں
"جانے کس بُنیاد پر انسان کہلاتے ہیں لوگ"

نوعِ انسان کے لئے جو باعثِ آزار ہیں
شیطنت سے اپنی وہ شیطان کہلاتے ہیں لوگ

چار دن کی چاندنی ہے گرچہ خود ان کا وجود
جانے پھر کس زعم میں بھگوان کہلاتے ہیں لوگ

صفحۂ ہستی پہ ہیں جو ایک نقشِ داغدار
اب کتابِ زیست کا عنوان کہلاتے ہیں لوگ

جان سے بڑھ کر نہیں ہے بے وفا برقیؔ کوئی
جانے کیوں ایسے میں پھر بھی جان کہلاتے ہیں لوگ

***

جو ہیں اہل ظرف اُن کو کم نظر کہنے لگے
اب زمانہ ساز کو بھی دیدہ ور کہنے لگے

روحِ سخن (غزلیں) 183 احمد علی برقی اعظمی

فکر و فن پر جن کو حاصل ہے مکمل دسترس
اُن کو اربابِ نظر نا معتبر کہنے لگے

آج کل بزمِ سُخن میں ہے اسے حاصل عروج
جو بھی مترنم ہے اب اس کو جگرؔ کہنے لگے

ہیں جو منظورِ نظر اربابِ حل و عقد کے
اُن کو نخلِ علم و دانش کا ثمر کہنے لگے

پوچھتا کوئی نہیں اہلِ نظر کو آج کل
سنگِ خارا کو بھی اب لعل و گُہر کہنے لگے

تھا جو رسوائے زمانہ روسیاہی کے لئے
لوگ اُس کو آج کل رشکِ قمر کہنے لگے

شہر دہلی میں ہے برقیؔ شاعرِ گوشہ نشیں
اُس کے ہمسائے کو سب اہلِ نظر کہنے لگے

***

رنج و غم کتنے سہوں
کیا کروں کیا نہ کروں

اپنا یہ حالِ زبوں
کس سے میں جا کے کہوں

کتنا ہے ہوش رُبا
اُس کی آنکھوں کا فسوں

کھیل ہے اُس کے لئے
میرے ارمانوں کا خوں

سر پہ ہے بارِ گراں
میرا یہ جوشِ جنوں

مار ڈالے گا مجھے
میرا یہ سوزِ دروں

تو ہی برقیؔ یہ بتا
بن ترے کیسے رہوں

***

آج کل کیسے ہیں حالات کہوں یا نہ کہوں
اپنی بیتابیِ جذبات کہوں یا نہ کہوں

ہیں تذبذُب میں خیالات کہوں یا نہ کہوں
وہ سنے گا بھی مری بات کہوں یا نہ کہوں

کیا ہے تنہائی کا احساس اُسے کیا معلوم
ایسے میں شوقِ ملاقات کہوں یا نہ کہوں

زندگی ایسی ہے اِک بارِ گراں ہو جیسے
ساتھ دیتے نہیں حالات کہوں یا نہ کہوں

میں کروں بھی تو کروں عرضِ تمنا کیسے
کب ہٹیں گے یہ حجابات کہوں یا نہ کہوں

اُس کی فطرت ہے نکالے گا وہ پھر بال کی کھال
ہے ہر اک بات میں اک بات کہوں یا نہ کہوں

بھولتا ہی نہیں یادوں کا تسلسل برقیؔ
آتی ہے جب کبھی برسات کہوں یا نہ کہوں

***

کیوں روٹھی ہے مُجھ سے مری قسمت کئی دن سے
ناساز ہے اب میری طبیعت کئی دن سے

وہ پُرسشِ احوال کو کب آئے گا آخر
دل میں ہے مرے بس یہی حسرت کئی دن سے

پہلے تو وہ ایسا نہ تھا کیا ہو گیا اُس کو
ہے باعثِ تشویش یہ غفلت کئی دن سے

تصویرِ تصور بھی نہیں اُس کی یہاں پر
دل ہے مرا آئینۂ حیرت کئی دن سے

میٹھا ہے بہت صبر کا پھل صبر کرو تم
کرتا ہے مجھے وہ یہ نصیحت کئی دن سے

سب کہتے ہیں حسرتؔ کو شہنشاہِ تغزل
اب میں بھی ہوں گرویدۂ حسرتؔ کئی دن سے

تھا خواب کی برقیؔ کے جو تعبیر ہمیشہ
اُس کی نظر آتی نہیں صورت کئی دن سے

***

سنتا نہیں وہ حرفِ شکایت کئی دن سے
ناساز ہے یوں ہی مری حالت کئی دن سے

معلوم نہیں کیوں مری یہ عرضِ تمنا
ہے اُس کے لئے بارِ سماعت کئی دن سے

ہے پیشِ نظر میرے مری شامتِ اعمال
اب اُس کو نہیں ہے مری چاہت کئی دن سے

جاؤں تو کہاں جاؤں مرا ذہن ہے ماؤف
آرام مُیسر ہے نہ راحت کئی دن سے

کچھ پاس نہیں ہے اُسے کردار کا اپنے
کرتا ہے روایت سے بغاوت کئی دن سے

پہلے جو رفاقت تھی وہ اب ہو گئی کافور
پیش آتا ہے ازروئے عداوت کئی دن سے

ہر وقت وہ رہتا ہے مرے در پئے آزار
برقیؔ ہے یہی میری حکایت کئی دن سے

***

میں اُنھیں اپنا بناؤں تو بناؤں کیسے
وہ تو روٹھے ہیں مناؤں تو مناؤں کیسے

حالِ دل اپنا سناؤں تو سناؤں کیسے
زخمِ دل اپنا دکھاؤں تو دکھاؤں کیسے

مجھ سے شرمندہ ہیں وہ میں ہوں پشیماں اُن سے
اُن سے ملنے میں اگر جاؤں تو جاؤں کیسے

روح فرسا ہے جُدائی کا تصور اُن کی
یادِ ماضی میں بھلاؤں تو بھلاؤں کیسے

میرا سرمایہ ہے دیرینہ رفاقت اُن کی
اُسے غیروں پہ لُٹاؤں تو لُٹاؤں کیسے

میں اکیلے ہی سُبکدوش نہیں ہو سکتا
بارِ غم اُن کا اُٹھاؤں تو اُٹھاؤں کیسے

لوحِ دل پر جو مری نقش ہیں یادوں کے نقوش
اُن کو برقیؔ میں مٹاؤں تو مٹاؤں کیسے

***

تو کیوں ہے خوابِ غفلت میں تجھے ہوش آئے گا کیسے
تو یہ کھویا ہو اعزاز اپنا پائے گا کیسے

ہے قول و فعل سے واقف جو تیرے ایک مدت سے
فریبِ وعدۂ فردا وہ تیرا کھائے گا کیسے

یہ بچے آج کل بالغ نظر ہیں وقت سے پہلے
"تو مٹی کے کھلونوں سے اُنہیں بہلائے گا کیسے"

ملے گا کیا تجھے تاراج کر کے اپنا یہ مسکن
گِرا کر قصرِ دل میرا بتا بنوائے گا کیسے

مجھے اُلجھا کے تو نے رکھ دیا ہے کس جھمیلے میں
جو سلجھانا پڑا تجھ کو تو پھر سلجھائے گا کیسے

کہیں کا بھی نہ چھوڑا جس کو تو نے یہ بتا آخر
دکھا کر اُس کو یہ خوابِ حسیں بہلائے گا کیسے

نہیں ہے تجھ کو اِذنِ باریابی جب وہاں برقیؔ
تو اُس کی انجمن میں بِن بُلائے جائے گا کیسے

***

عجب دورِ زمانہ ہے کرے کوئی بھرے کوئی
یہ کیسا تازیانہ ہے کرے کوئی بھرے کوئی

ہمیشہ رہتا ہے جو برق و بادِ تُند کی زد پر
وہ میرا آشیانہ ہے کرے کوئی بھرے کوئی

یہاں مجھ کو سزا ملتی ہے نا کردہ گناہی کی
یہی میرا ٹھکانہ ہے کرے کوئی بھرے کوئی

میں ہوں جس کی بدولت آج اِس قعرِ مُزلت میں
یہی وہ آب و دانہ ہے کرے کوئی بھرے کوئی

پتنگوں کو جلا کر شمعِ محفل رو رہی ہے جو
دکھاوا ہے بہانہ ہے کرے کوئی بھرے کوئی

بہت مہنگا پڑا اُن کا مجھے اظہارِ ہمدردی
اُنہیں کا شاخسانہ ہے کرے کوئی بھرے کوئی

گزرتا ہوں میں جن حالات سے احمد علی برقیؔ
یہی میرا فسانہ ہے کرے کوئی بھرے کوئی

***

فضا کو اور بھی پھولوں سے مُشکبار کرے
"کہو صبا سے بہاروں کا کاروبار کرے"

مزاجِ اہلِ گلستاں ہے آج کل ناساز
فضائے صحنِ چمن آ کے سازگار کرے

نہیں ہے صبر و تحمل کسی میں اب اتنا
کہ اُس کے وعدۂ فردا کا انتظار کرے

مجھے بنانا ہدف ہے تو سامنے آئے
یہ کہہ دو اُس سے مری پُشت پر نہ وار کرے

میں بے گناہی کا اپنی ثبوت کیسے دوں
کوئی نہ جب مری باتوں کا اعتبار کرے

نظر ملا نہ سکا کوئی اُس نے جب یہ کہا
گناہگار نہ ہو جو وہ سنگسار کرے

جسے عزیز ہے برقیؔ خرامِ ناز اُس کا
متاعِ شوق وہ اُس پر نہ کیوں نثار کرے

***

دُزدیدہ نگاہوں سے اُن کا چھُپ چھُپ کے نظارا کرتے ہیں
وہ ہم کو اشارہ کرتے ہیں ہم اُن کو اشارا کرتے ہیں

ہم جوشِ جنوں میں بھول گئے یہ پہلے کیا تھے آج ہیں کیا
وہ کرتے ہیں جو بھی ظُلم و ستم ہنس ہنس کے گوارا کرتے ہیں

سوچا تھا ملیں گے نہ پھر اُن سے دل اپنا نہیں اپنے بس میں
وہ وعدہ شکن ہیں جان کے بھی یہ کام دوبارہ کرتے ہیں

جب سامنے ہوتے ہیں اپنے وہ مُہر بلب ہوتے ہیں سدا
غیروں کی وہ محفل میں لیکن اب ذکر ہمارا کرتے ہیں

اظہارِ تمنا کرتے ہی ہو جاتے ہیں وہ چیں بہ جبیں
اور سامنے رکھ کر آئینہ بس زلف سنوارا کرتے ہیں

ہے بارِ سماعت دونوں کو جیسی کرنی ویسی بھرنی
وہ ہم کو پکارا کرتے ہیں ہم اُن کو پکارا کرتے ہیں

کی بارِ گراں کی شکایت جب برقؔی نے جواب ملا اُس کو
"جب کشتی ڈوبنے لگتی ہے تب بوجھ اُتارا کرتے ہیں"

***

نگاہِ شوق ترا انتظار کرتی ہے
"مری نظر ترے پردے سے پیار کرتی ہے"

تری اداؤں پہ وہ جاں نثار کرتی ہے
دلِ حزیں پہ جو چھُپ چھُپ کے وار کرتی ہے

یہ جانتے ہوئے وعدہ شکن ہے تو لیکن
نہ جانے کیوں وہ ترا اعتبار کرتی ہے

دکھا کے ایک جھلک ہو گیا کہاں روپوش
سوال تجھ سے یہی بار بار کرتی ہے

شبِ فراق میں دے کر پیامِ صُبحِ اُمید
ستم یہ مُجھ پہ نسیمِ بہار کرتی ہے

کبھی وفا نہ ہوا اُس کا وعدۂ فردا
ہزار بار یہ قول و قرار کرتی ہے

سرِ نیاز نہ خم کرسکے گی برقیؔ کا
طواف گردشِ لیل و نہار کرتی ہے

***

بہت سیر کی عالمِ رنگ و بو کی
نہ پایا اُنہیں گو بہت جستجو کی

ہے ساقی کی جن پر نگاہِ عنایت
ضرورت اُنہیں کیا ہے جام و سبو کی

دریدہ ہیں اِس درجہ جیب و گریباں
نہ باقی رہی کوئی حاجت رفو کی

خزاں دیدہ کب تک یونہی یہ رہے گا
ضرورت ہے گلشن کو رُشد و نمو کی

روحِ سخن (غزلیں) 193 احمد علی برقی اعظمی

یہ سُرخی تمہیں جو نظر آ رہی ہے
کبھی رنگ لائے گی میرے لہو کی

وہ ہوتا ہے جب لب کُشا کچھ نہ پوچھو
ہے کیا بات شیرینِ گفتگو کی

کیا اُس نے برقؔ کی خود چارہ جوئی
دعا بیٹھ کر اس نے جب قبلہ رو کی

٭٭٭

اب تک نہیں کچھ سوچا ہے سوچیں گے کسی دن
تم آؤ تو پھر ساتھ میں بیٹھیں گے کسی دن

ہم اپنی سنائیں گے تمھاری بھی سنیں گے
کیا صورتِ حالات ہے دیکھیں گے کسی دن

تم روٹھے ہو کس بات پہ اب مان بھی جاؤ
پھر اور کسی بات پہ روٹھیں گے کسی دن

ہم ساتھ تھے ہم ساتھ ہیں اور ساتھ رہیں گے
کیا اُس میں ہے دم خم اُسے دیکھیں گے کسی دن

ہم لقمۂ تر ہیں کہ وہ کھا جائے گا ہم کو
کیا سمجھا ہے اُس نے ہمیں سمجھیں گے کسی دن

اِس شہر پُر آشوب کی تصویرِ حقیقی
آئینۂ ایّام میں دیکھیں گے کسی دن

اشعار کے پیکر میں اسے ڈھال کے برقیؔ
گذری ہے جو کچھ ہم پہ وہ لکھیں گے کسی دن

***

تھا جو منظورِ نظر میرا بہاروں کی طرح
چبھ رہا ہے وہ مرے قلب میں خاروں کی طرح

در حقیقت وہ مرا دوست نما دشمن تھا
مجھ سے اکثر جو ملا کرتا تھا یاروں کی طرح

پہلے مسمار کیا خانۂ دل پھر اُس نے
خاک اُڑائی ہے سرِ راہ غباروں کی طرح

وار اس طرح کیا تیغِ زباں سے اُس نے
ایک ہی ضرب لگی اس کی ہزاروں کی طرح

اس کے انداز سے ظاہر ہیں جنوں کے آثار
خاک اُڑاتا ہے وہ اب عشق کے ماروں کی طرح

کتنی ویرانی ہے اب اس میں نہ پوچھو مجھ سے
میرا کاشانۂ دل اب ہے مزاروں کی طرح

وہ رلاتا ہے مجھے خون کے آنسو برقیؔ
"اشک پلکوں پہ چمکتے ہیں ستاروں کی طرح"

***

سہہ لوں گا ترا تیر نظر وار کئے جا
بس شرط یہی ہے کہ مجھے پیار کئے جا

آ آ کے بصد ناز و ادا خانۂ دل میں
سوئے ہوئے جذبات کو بیدار کئے جا

آباد تجھی سے ہے یہ کاشانۂ ہستی
ہے مجھ سے محبت تجھے اقرار کئے جا

اچھے نہیں لگتے ہیں مجھے اُن کے ارادے
اغیار اگر پوچھیں تو انکار کئے جا

اِس طرزِ تغافل کا سبب کوئی تو ہو گا
کیا مجھ سے شکایت ہے یہ اظہار کئے جا

حالات مساعد نہیں رہتے ہیں ہمیشہ
ہموار نہیں راہ تو ہموار کئے جا

ہے مصلحت اندیشی کا برقیؔ یہ تقاضا
دُزدیدہ نگاہی سہی دیدار کئے جا

***

سناؤں کیسے میں حالِ زبوں زمانے کو
"رہا نہ لب پہ کوئی ماجرا سنانے کو"

ہمیشہ کرتا تھا جو دوسروں کی چارہ گری
ترَس رہا ہے وہی آج آب و دانے کو

کیا ہے جس نے مجھے دربدر وطن سے مرے
وہ کہہ رہا ہے نیا آشیاں بنانے کو

سمجھ رہا ہوں بخوبی میں اُس کی عیاری
ہے اُس کا وعدۂ فردا مجھے لُبھانے کو

وہ زود رنج بہت جلد روٹھ جاتا ہے
دوبارہ کیسے میں جاؤں اُسے منانے کو

میں مثلِ خار کھٹکتا ہوں جس کی آنکھوں میں
پیام بھیجا ہے اُس نے مجھے بُلانے کو

جلا کے شمع پتنگوں کو سب کو اے برقیؔ
بہا رہی ہے اب آنسو فقط دکھانے کو

***

کیا کہا میں نے سنا؟اُس نے کہا کچھ بھی نہیں
میں نے پوچھا بارہا اُس نے کہا کچھ بھی نہیں

روٹھ جاتا ہے ذرا سی بات پر وہ زود رنج
میں نے پوچھا کیا ہوا اُس نے کہا کچھ بھی نہیں

لے لیا جب جائزہ سب اُس نے گرد و پیش کا
میں نے پوچھا کیا ملا اُس نے کہا کچھ بھی نہیں

کچھ بتاؤ تو سہی کیا ہے "گلوبل وارمنگ"
کیوں ہے یہ محشر بپا اُس نے کہا کچھ بھی نہیں

کر رہا تھا اپنے عدل و داد کا وہ تذکرہ
فیصلے کا کیا ہوا؟ اُس نے کہا کچھ بھی نہیں

دے رہا تھا درس مُجھ کو ناز برداری کا وہ
اِس کا کیا ہوگا صِلا؟ اُس نے کہا کچھ بھی نہیں

***

"وہی میں ہوں اور وہی انجمن مگر آج ہے مرا حال کیا"
تو نظر بچا کے کہاں چلا نہیں تجھ کو میرا خیال کیا

اُسے دیکھ کر ہوں میں دم بخود مجھے قُرب جس کا نصیب ہے
کسی اور میں ہے تو ہی بتا کہیں ایسا حُسن و جمال کیا

ترے پاس عقلِ سلیم ہے جو سمجھ سکے تو سمجھ لے خود
مرا حال ہے ترے سامنے کروں تجھ سے اور سوال کیا

میں ہوں رزمگاہِ حیات میں جسے دیکھو میرا حریف ہے

سبھی آج رو بہ زوال ہے مری جان کیا مرا مال کیا

نہیں فرق کچھ مرے حال میں،میں جہاں تھا کل وہیں آج ہوں
مجھے اس کی کچھ بھی نہیں خبر کہ عروج کیا ہے زوال کیا

کہیں رنگِ میرؔ کہیں جگرؔ مرے فکر و فن سے ہے جلوہ گر
سبھی اُن کی کرتے ہیں پیروی ہے کسی میں ایسا کمال کیا

میں ہوں اُن کے فن پہ فریفتہ نہیں ایسا کوئی غزل سرا
وہ تھے برقیؔ شاعرِ خوشنوا ہے جگر کی کوئی مثال کیا

***

وہ اپنے طرزِ عمل کا حساب کیا دے گا
"سلام تک نہیں کرتا جواب کیا دے گا"

نہیں ہے اُس سے توقع کوئی مجھے ہرگز
جو خار دے نہیں سکتا گلاب کیا دے گا

زبانِ حال سے کہتا ہے آج یہ بھوپال
وہ کر کے اب مجھے خانہ خراب کیا دے گا

کتابِ زیست کے میری ہیں مُنتشر اوراق
جو بے نصاب ہے خود وہ نصاب کیا دے گا

بہت سے میں نے نشیب و فراز دیکھے ہیں

اگر وہ آ بھی گیا انقلاب کیا دے گا

حجابِ ظاہر و باطن ہے حُسن کا زیور
نہیں ہے پاسِ حیا تو نقاب کیا دے گا

جسے نہیں ہے خبر اپنے کل کی خود برقیؔ
وہ مُجھ کو اب مری تعبیرِ خواب کیا دے گا

***

جو وعدہ کر کے نہ آئے تو اُس کو کیا کہیئے
جو سبز باغ دکھائے تو اُس کو کیا کہیئے

ابھی تو آیا تھا کہتا ہے جا رہا ہوں میں
دوبارہ جا کے نہ آئے تو اُس کو کیا کہیئے

نظامِ زندگی کر کے جو درہم و برہم
خوشی کا جشن منائے تو اُس کو کیا کہیئے

جو اپنے آگے کسی کی نہ کوئی بات سُنے
جو صرف اپنی سُنائے تو اُس کو کیا کہیئے

کرائے اپنی ہمیشہ جو ناز برداری
نہ بارِ ناز اُٹھائے تو اُس کو کیا کہیئے

جو دوسروں کی ہمیشہ کرے دل آزاری

بس اپنا حکم چلائے تو اُس کو کیا کہئے
یہ جانتے ہوئے وعدہ شکن ہے جو، برقیؔ
فریبِ زندگی کھائے تو اُس کو کیا کہئے

※ ※ ※

بزم میں نغمۂ جاں بخش سنانے لگ جائیں
جوہرِ حسنِ بیاں اپنا دکھانے لگ جائیں

ہے ارادہ یہ بیاں آج کروں سوزِ دروں
سن کے ایسا نہ ہو وہ اشک بہانے لگ جائیں

اِس سے پہلے کہ خزاں کے ہوں نمایاں آثار
باغِ ہستی میں نیا پھول کھلانے لگ جائیں

عزتِ نفس کا سودا نہ کروں گا ہرگز
کہیں ایسا نہ ہو وہ مجھ کو ستانے لگ جائیں

جان میں جان ہے جب تک رہیں سرگرمِ عمل
وہ گراتا ہے اگر آپ بنانے لگ جائیں

آپ کے ساتھ اگر کوئی کرے حُسنِ سلوک
آپ بھی حُسنِ عمل اُس سے نبھانے لگ جائیں

آج ہے جشن کا ماحول نہ کیوں اے برقیؔ

"ہم پرندوں کی طرح باغ میں گانے لگ جائیں"

٭٭٭

زلفِ مشکیں وہ مرے شانے پہ لہراتے رہے
آتشِ شوق کو رہ رہ کے وہ بھڑکاتے رہے

کبھی آباد کیا اور کبھی ویران کیا
خانۂ دل میں مرے آتے رہے، جاتے رہے

بجلیاں دل پہ گراتا تھا تبسم ان کا
نگہِ ناز جھکائے ہوئے شرماتے رہے

بھول پانا اُنہیں ہرگز نہ تھا میرے بس میں
یاد جب آئے مسلسل مجھے یاد آتے رہے

کبھی شبنم تھے شبِ وصل کبھی وہ شعلہ
کبھی ناگن کی طرح طیش میں بل کھاتے رہے

وعدۂ حشر تھا یہ وعدۂ فردا اُن کا
دلِ شوریدہ کو بے وجہہ وہ تڑپاتے رہے

حال سیماب کی صورت رہا اُن کا برقیؔ
اُن کو ہم کھوتے رہے اور کبھی پاتے رہے

٭٭٭

جس کو وہ پڑھتا رہے گا عمر بھر لکھ جاؤں گا
خط میں اُس کے نام ایسا نامہ بر لکھ جاؤں گا

تو نے دیکھا ہی نہیں ہے میرا اعجازِ قلم
جس کا اک اک لفظ ہو لعل و گُہر لکھ جاؤں گا

ایسا ہو گا میری اس تحریر میں سوز و گداز
موم ہو جائے گا پتھر کا جگر لکھ جاؤں گا

میری قدرو منزلت معلوم ہو گی میرے بعد
یاد میں میری رہے گا نوحہ گر لکھ جاؤں گا

جس کی گلزارِ محبت میں نہ ہو کوئی مثال
"بس اُسی تنہا شجر کو میں شجر لکھ جاؤں گا"

بزمِ کیفیؔ اعظمی میں جب پڑھا جائے گا وہ
ہوں گے تب سب لوگ مجھ سے باخبر لکھ جاؤ گا

مصلحت اندیش میں احمد علی برقیؔ نہیں
دل میں جو آئے گا بے خوف و خطر لکھ جاؤں گا

***

ہم اُن کو ڈھونڈتے ہیں یہ محضر لئے ہوئے
اندر لئے ہوئے کبھی باہر لئے ہوئے

تعبیرِ خواب کے لئے پھرتے ہیں در بدر
ہم اپنی خوابگاہ کا منظر لئے ہوئے

سودائے عشق کے سوا جس میں نہیں ہے کچھ
خانہ بدوش پھرتے ہیں وہ سر لئے ہوئے

اب تک سمجھ رہے تھے جنھیں اپنا خیر خواہ
آئے ہیں آستین میں خنجر لئے ہوئے

ہے وحدت الوجود کے دریا میں موجزن
"قطرہ ہے بیقرار سمندر لئے ہوئے"

سوچا ہے پیش اب کریں اُس گُلعذار کو
گُلہائے فکر و فن کا یہ دفتر لئے ہوئے

شاید اسے قبول ہو برقیؔ کی پیشکش
سب کو دکھائے چہرۂ انور لئے ہوئے

***

ہم نوائے شوق کے اس زیر و بم پر لُٹ گئے
جادۂ اُلفت میں جا کر ہر قدم پر لُٹ گئے

ہم کو کیا معلوم تھا اس کا ہے یہ دامِ فریب
دیکھتے ہی اُس کی زُلفِ خم بہ خم پر لُٹ گئے

جلوہ گاہِ ناز میں پڑتے ہی اُس پر اک نظر
اس کی چشمِ نازنیں کے جامِ جم پر لُٹ گئے

غمزہ و ناز و ادا کے ہو گئے اُس کے شکار
با دلِ ناخواستہ اس چشمِ نَم پر لُٹ گئے

ہم کو بھی ہونا پڑا دوچار اُن حالات سے
رہروانِ شوق جس نقشِ قدم پر لُٹ گئے

فیس بُک پر اِس زمیں میں پڑھ کے شاہدؔ کی غزل
اُن کے ہم بیساختہ زورِ قلم پر لُٹ گئے

جانتے تھے سنگ دل ہوتے ہیں پتھر کے صنم
جانے ہم کس دھُن میں برقیؔ اُس صنم پر لُٹ گئے

***

میرا یہ عزمِ سفر در بدری مانگے ہے
جذبۂ شوق یہ آشفتہ سری مانگے ہے

کیسے اس شدتِ جذبات کو برداشت کروں
شبِ تنہائی مری دردِ سری مانگے ہے

آبیاری کی ضرورت ہے مگر کیسے کروں
گلشنِ زیست یہ خونِ جِگری مانگے ہے

روحِ سخن (غزلیں) 205 احمد علی برقی اعظمی

فصلِ گُل مین بھی نمایاں ہیں خزاں کے آثار
شاخِ دل میری وہ ہر وقت ہری مانگے ہے

میں ہوں ہر حال میں راضی بہ رضائے دلبر
نوحہ گر مُجھ سے یہ کیوں نوحہ گری مانگے ہے

میرا یہ مرحلۂ مشقِ سخن ہے جاری
پھر بھی یہ حُسنِ بیاں دیدہ وری مانگے ہے

سامنا کیسے کروں اس کا میں آخر برقیؔ
آئینہ ذوقِ نظر، خود نگری مانگے ہے

٭٭٭

ہے محبت زندگی کا ماحصل
جس کا کوئی بھی نہیں نعم البدل

دور کرنا ہے اگر جنگ و جدل
سب مسایل کا یہی ہے ایک حل

ہے یہی سب کے دلوں پر حکمراں
دیتی ہے جو دعوتِ حُسنِ عمل

ہے محبت زندگی کا وہ شجر
تلخ بھی ہیں اور شیریں جس کے پھل

وقت آنے پر تجھے مل جائے گی
کر نہ عُجلت اے دلِ ناداں سنبھل

گامزن ہے زندگی کا قافلہ
چل رہا ہوں ساتھ میرے تو بھی چل

زادِراہِ آخرت تیار رکھ
جانے کب آ جائے اے برقیؔ اَجَل

***

حالات سے یوں برسرِ پیکار ہوں میں بھی
جیسے کہ کوئی ریت کی دیوار ہوں میں بھی

گُمنام ہے جو ایسا ہی فنکار ہوں میں بھی
بیکار اگر تو ہے تو بیکار ہوں میں بھی

اظہارِ محبت پہ ندامت نہیں مجھ کو
یہ جُرم اگر ہے تو گنہگار ہوں میں بھی

جو دیکھ رہا ہوں وہ بیاں کر نہیں سکتا
تیری ہی طرح محرمِ اسرار ہوں میں بھی

دھمکی نہ دے یوں ترکِ تعلق کی مجھے تو
ہر روز کی تکرار سے بیزار ہوں میں بھی

ہر حال میں ہوں تیری رضا کا میں طلبگار
آمادہ اگر تو ہے تو تیار ہوں میں بھی

اس دورِ پُر آشوب میں احمد علی برقیؔ
اِک کشتۂ تیر نگہِ یار ہوں میں بھی

***

ظُلمتِ شب کے فرسودہ ستور کو، میں نہیں مانتا میں نہیں جانتا
جو نشانہ بناتا ہو مزدور کو،میں نہیں مانتا میں نہیں جانتا

صُبحِ اُمید ہے میرے پیشِ نظر، گامزن ہوں رہِ شوق میں بے خطر
کچھ سمجھتا نہیں ایسے مغرور کو،میں نہیں مانتا میں نہیں جانتا

روشنی کی کرن جس میں کافور ہو،خانۂ قلب جس سے نہ پُر نور ہو
ایسی ویسی کسی صُبحِ بے نور کو،میں نہیں مانتا میں نہیں جانتا

خدمتِ خلق بس میرا دستور ہے،جو کہ حرِص و ہوس سے بہت دور ہے
اپنا سب کچھ سمجھتا ہو جو حور کو،میں نہیں مانتا میں نہیں جانتا

جس کا ہیں کارنامہ یہ ویرانیاں،بچ کے جائے گا برقیؔ وہ آخر کہاں
وقت دے گا سزا ایسے مفرور کو،میں نہیں مانتا میں نہیں جانتا

***

گلے وہ ٹوٹ کے مجھ سے مِلا مِلا نہ مِلا
مرا یہ چاکِ گریباں سِیا سِیا نہ سِیا

کیا ہے وعدۂ فردا ہوں منتظر اُس کا
یہ کام اُس نے دوبارہ کیا کیا نہ کیا

اُمید و بیم کی اک روشنی ہے آنکھوں میں
غمِ حیات کا مارا جیا جیا نہ جیا

کیا ہے میں نے تو یوں عرضِ مدعا اُس سے
صلا وفاؤں کا میری دیا دیا نہ دیا

جسے سمجھتا تھا آبِ حیات زہر تھا وہ
یہ زہر ہاتھوں سے اُس کے پیا پیا نہ پیا

تھا اُس کا روئے سخن کس طرف نہیں معلوم
پھر اُس نے کوئی اشارہ کیا کیا نہ کیا

جو لے رہا تھا وہ برقیؔ لرزتے ہونٹوں سے
وہ نام اُس نے دوبارہ لیا لیا نہ لیا

***

منحصر آپ پہ ہے آپ ملیں یا نہ ملیں
میرے اِس چاک گریباں کو سئیں یا نہ سئیں

آپ کی نذر ہے خوابوں کا حسیں تاج محل
قصرِ دل آپ کا ہے آپ رہیں یا نہ رہیں

ہاتھ میں دے کے کہا اس نے غمِ ہجر کا جام
آپ کے نام ہے یہ آپ پیئیں یا نہ پیئیں

زندگی بارِ گراں تھی تو اُٹھایا کیوں تھا
لے کے جانا ہے اسے آپ سہیں یا نہ سہیں

کہیئے اب کاتبِ تقدیر سے جا کر ورنہ
اب تو ہر حال میں جینا ہے جئیں یا نہ جئیں

ناگوار آپ کو شاید ہے مری عرضِ طلب
آپ کے رُخ سے یہ ظاہر ہے کہیں یا نہ کہیں

مجھ کو کہنا تھا جو کچھ کہہ دیا برقؔی میں نے
اختیار آپ کو اِس کا ہے سنیں یا نہ سنیں

***

تھا جو تصویرِ تصور میں وہ شانہ مل جائے
میں نے جو دیکھا تھا وہ خواب سُہانا مل جائے

لوحِ دل پر جو مری ثبت ہیں یادوں کے نقوش
کاش پھر مُجھ کو وہی گُذرا زمانہ مل جائے

جس سے ملنے کا ہے مُشتاق مرا قلبِ حزیں
نہ رہے اُس کے لئے کوئی بہانہ مل جائے

گونجتا رہتا ہے رہ رہ کے مرے ذہن میں جو
مثلِ شہنائی، وہ سننے کو ترانہ مل جائے

دلِ آوارہ یہ سرگرداں رہے گا کب تک
مُستقل اُس کے لئے کوئی ٹھکانہ مل جائے

نہ ملے کوئی نیا میری بلا سے نہ ملے
مجھے کھویا ہوا اعزاز پُرانا مل جائے

اس کا حاصل ہوا برقیؔ کو تقرب ایسے
گُمشدہ جیسے کوئی ایک خزانہ مل جائے

***

میں آپ کو دیتا ہوں یہ پیغامِ محبت
آ جایئے پینا ہے اگر جامِ محبت

نذرانۂ دل یوں نہیں ٹھکراتے کسی کا
لیتے نہیں کیوں آپ یہ انعامِ محبت

آ جائے گی پھر یاد اگر یاد کریں گے
کیا بھول گئے آپ مری شامِ محبت

ہے کوچۂ جاناں کا سفر باعثِ تسکیں
چل کر تو ذرا دیکھئے اک گامِ محبت

ناکام بھی ہو جائے تو رہتا ہے زباں پر
گُمنام نہیں ہوتا ہے ناکامِ محبت

وہ میری وفاؤں کا صلہ کیوں نہیں دیتے
کیا ہوتا ہے ایسا ہی یہ انجامِ محبت

جذبہ ہے محبت کا جہانگیر یہ برقیؔ
لیتے ہیں جدھر جایئے سب نامِ محبت

***

کہو یہ اُس سے ابھی چھوڑ کر نہ جائے مجھے
مرا قصور ہے کیا پہلے یہ بتائے مجھے

وہ پہلے اپنے گریباں میں جھانک کر دیکھے
پھر اُس کے بعد کہو اُس سے آزمائے مجھے

نظر کسی سے وہ اپنی ملا نہیں سکتا
کہو یہ اُس سے نہ وہ آئینہ دکھائے مجھے

نہ جائے چھوٹ کہیں صبر و ضبط کا دامن
بہت ستا چکا اب تو نہ وہ ستائے مجھے

مرا شعار نہیں جاؤں بن بُلائے کہیں
ضرور جاؤں گا پہلے تو وہ بُلائے مجھے

ہمیشہ میں ہی مناتا رہوں گا کیا اُس کو
یہ اُس کا فرض نہیں ہے کہ وہ منائے مجھے

میں بھول جاؤں اُسے یہ نہیں مرے بس میں
وہ بھول سکتا ہے برقیؔ تو بھول جائے مجھے

٭٭٭

فریب دیتا رہے گا وہ آزما کے مجھے
نہ دے گا دعوتِ نظارہ پھر بُلا کے مجھے

سفید پوش ہے لیکن سیا ہ قلب ہے وہ
پتہ چلا ہے یہ اُس کے قریب جا کے مجھے

میں اُس کے بارے میں اب تک تھا خواب غفلت میں
بتا دیا ہے یہ حالات نے جگا کے مجھے

میں بھول جاؤں یہ کیسے ہوا تھا جن کا شکار
کرشمے یاد ہیں یہ غمزہ و ادا کے مجھے

نہیں ہے میرے لئے اب کہیں بھی جائے فرار
عجیب موڑ پہ چھوڑا ہے اُس نے لا کے مجھے

کرے گا ایسا وہ وہم و گماں نہ تھا مجھ کو
بنایا اپنا ہدف اس نے مُسکرا کے مجھے

نظر میں اس کی اب اوقات کیا ہے برقیؔ کی
بتا دیا ہے یہ آئینہ اب دکھا کے مجھے

***

پھیر لی اُس نے نظر جس پر تھا سب کچھ منحصر
ہو گیا شیرازۂ ہستی اچانک منتشر

میں سمجھتا تھا جسے اپنا اُسی نے یہ کہا
کس نے اس قعرِ مزلت میں کہا تھا جا کے گِر

دیدہ و دل آج تک جس کے لئے تھے فرشِ راہ
جاتے جاتے کہہ گیا تھا لوٹ کر آؤں گا پھر

کارگر صورت نہ تھی کوئی کشودِ کار کی
داروئے زخمِ جگر ثابت ہوئی بیحد مضر

میری خوئے بے نیازی ہے مجھے بیحد عزیز
اپنی بیجا بات منوانے پہ کیوں ہے وہ مُصر

اُس کا طرزِ کار ہے میرے لئے سوہانِ روح
وہ نہ آیا لوٹ کر برقیؔ تھا جس کا منتظر ***

کب وہ دے گا دعوتِ دیدار میں ہوں منتظر
ڈر ہے مجھ کو ٹل نہ جائے وعدۂ فردا نہ پھر

میں نہیں روکوں گا تجھ کو اُس نے یہ مُجھ سے کہا
گِر رہا ہے تو اگر تقصیر ہے تیری یہ گِر

تیرا یہ ترکِ تعلق مار ڈالے گا مجھے
دعوتِ نظارہ دے دے تو مجھے اِک بار پھر

اُس نے یہ عرضِ تمنا کا دیا میری جواب
کان میرے ہو گئے آہ و فغاں سے تیری کِر

میں نے بھی تُرکی بہ تُرکی کہہ دیا یہ صاف صاف
تجھ کو گِرنا ہی اگر ہے گِر مگر اتنا نہ گِر

فیض ہے برقؔ اعظمی کا ورنہ برقیؔ کچھ نہیں
ہے متاعِ شاعری اس کی اُنھیں پر منحصر ***

دریائے محبت کا کنارا نہیں ہوتا
وہ کون ہے جو عشق کا مارا نہیں ہوتا

کیا شدتِ جذبات کا عالم ہے نہ یہ پوچھ
"عاشق کا تو چھٹی پہ گزارا نہیں ہوتا"

معلوم نہ ہوتا مجھے یک چشم ہے معشوق
چشمہ اگر آنکھوں سے اُتارا نہیں ہوتا

جو حال ہے میرا نہیں ہوتا اگر اس نے

مجھ کو نگہِ ناز سے مارا نہیں ہوتا

کھُلتا نہ بھرم تنگیِ داماں کا یہ اُس کی
یہ ہاتھ اگر اُس نے پسارا نہیں ہوتا

ہے طنز و ظرافت میں یہ پہلی مری کاوش
حق اس کا ادا مجھ سے یہ یارا نہیں ہوتا

پٹتا نہ اگر کوچۂ جاناں میں وہ برقیؔ
منھ سوج کے اُس کا یہ غبارا نہیں ہوتا

***

در پردہ یہ اقرار ہے انکار نہیں ہے
جھوٹا ہے جو کہتا ہے مجھے پیار نہیں ہے

انعام ہے قدرت کا یہ احساسِ محبت
کم ظرف ہے جو عشق سے سرشار نہیں ہے

کب ہو گا مرا خواب یہ شرمندۂ تعبیر
مایل بہ کرم آج مرا یار نہیں ہے

اب سوزِ دروں سے ہے لہو آتشِ سیال
قسمت میں مری سایۂ دیوار نہیں ہے

پتھر کا کلیجہ بھی پگھل جائے گا سُن کر

روحِ سخن (غزلیں) 216 احمد علی برقی اعظمی

یہ حالِ زبوں قابلِ اظہار نہیں ہے
میں جاؤں کہاں کس سے کروں عرضِ تمنا
تنہا ہوں کوئی مونس و غمخوار نہیں ہے

یہ زندگی بے سود ہے احمد علی برقیؔ
جب پیشِ نظر جلوہ گہہِ یار نہیں ہے

***

جب وہ جلوہ نما نہیں ہوتا
کیا بتاؤں میں کیا نہیں ہوتا

آتا ہے تو جُدا نہیں ہوتا
جاتا ہے تو پتا نہیں ہوتا

ذہن ہے محشرِ خیال مرا
کاش اُس سے ملا نہیں ہوتا

ایسا ہوتا ہے میں نے یہ مانا
ہاں مگر بارہا نہیں ہوتا

جیسا ہے وہ ہے سامنے اُس کے
آئینہ بد نُما نہیں ہوتا

سرِ تسلیم خم کروں کیوں میں

"صنم آخر خدا نہیں ہوتا"

اُس کا درد آشنا ہوں میں برقیؔ
کیوں وہ درد آشنا نہیں ہوتا

***

وہ اگر آ رہا نہیں ہوتا
خانۂ دل سجا نہیں ہوتا

وہ مرا خضرِ راہ ہوتا ہے
جب کوئی رہنما نہیں ہوتا

رُخِ گلگوں کو دیکھ لیتے ہیں
جب کوئی گُل کھلا نہیں ہوتا

لے گا کب تک وہ امتحاں میرا
کیوں یہ وعدہ وفا نہیں ہوتا

کیوں نظر آ رہا ہے وہ گُم سُم
آج کیوں لب کُشا نہیں ہوتا

وقت کی یہ ستم ظریفی ہے
کوئی اچھا بُرا نہیں ہوتا

کیوں کرے اُس سے التجا سارا

"صنم آخر خُدا نہیں ہوتا"

٭٭٭

کروں کیا اب دلِ مضطر کو بہلایا نہیں جاتا
"کسی صورت سے یہ نادان سمجھایا نہیں جاتا"

وہ دے کر دعوتِ نظارہ مجھ کو ہو گیا غائب
اب اُس کا دور تک نام و نشاں پایا نہیں جاتا

نہیں ہے کوئی خضرِ راہ جاؤں تو کہاں جاؤں
معما ہے یہ ایسا جو کہ سلجھایا نہیں جاتا

کیا کرتا ہے وہ اٹھکھیلیاں اس خانۂ دل میں
کبھی کھویا نہیں جاتا کبھی پایا نہیں جاتا

لبِ دریائے جمنا ہے محبت کی نشانی جو
یہ ہے وہ تاج جو ہر روز بنوایا نہیں جاتا

سبھی دُنیا میں خالی ہاتھ آتے اور جاتے ہیں
کوئی بھی ساتھ لے کر اپنا سرمایا نہیں جاتا

فریبِ رنگ و بو دے کر دیارِ شوق میں برقیؔ
کسی کو یوں تمناؤں میں الجھایا نہیں جاتا

٭٭٭

کسی کا جینا حرام ہم نے نہیں کیا ہے نہیں کیا ہے
کہیں یہ کیسے یہ کام ہم نے نہیں کیا ہے نہیں کیا ہے

تجھے یہ تیری روش مبارک شعار اپنا ہے دلنوازی
تری طرح قتلِ عام ہم نے نہیں کیا ہے نہیں کیا ہے

ہے نفس پر اپنے ہم کو قابو، عزیز ہے خوئے بے نیازی
نگاہ و دل کو غلام ہم نے نہیں کیا ہے نہیں کیا ہے

رواں دواں کاروانِ ہستی ہے جادۂ شوق میں مسلسل
کبھی وہاں پر قیام ہم نے نہیں کیا ہے نہیں کیا ہے

دعا یہی ہے رہے سلامت متاعِ جوشِ جنوں ہماری
کسی کے دل اپنا نام ہم نے نہیں کیا ہے نہیں کیا ہے

جو بات تحت ا لشعور میں تھی وہ رفتہ رفتہ اُبھر رہی ہے
شعور کو بے لگام ہم نے نہیں کیا ہے نہیں کیا ہے

نیاز مندی کی حد سے برقیؔ کبھی تجاوز نہیں کیا ہے
ستمگروں کو سلام ہم نے نہیں کیا ہے نہیں کیا ہے

٭٭٭

کوئی بھی میری یہاں اور وہاں نہیں سُنتا
امیر شہر ہو یا حُکمراں نہیں سنتا

لگا تھا بیخ کنی میں مری پسِ پردہ
سمجھ رہا تھا جسے مہرباں نہیں سنتا

میں بے نیاز ہوں سود و زیاں سے لیکن وہ
اگر نہ ہو کوئی سودو زیاں نہیں سنتا

کہوں تو کس سے کہوں سب ہیں مصلحت اندیش
جسے سمجھتا تھا آرامِ جاں نہیں سنتا

دیارِ شوق میں تنہا ہوں ایسی منزل پر
جہاں کوئی مری آہ و فغاں نہیں سنتا

ہے تیری کار گُزاری سبھی کے وِردِ زباں
"کہاں کہاں میں تری داستاں نہیں سنتا"

مِلا رہے ہیں سبھی اُس کی ہاں میں ہاں برقیؔ
کوئی بھی حالِ دلِ ناتواں نہیں سنتا

***

ہوتا وہ نہیں مائل بہ کرم نہ اِدھر کے رہے نہ اُدھر کے رہے
جائیں تو کہاں اب جائیں ہم نہ اِدھر کے رہے نہ اُدھرکے رہے

سب وعدہ شکن ہوتے ہیں صنم نہ اِدھر کے رہے نہ اُدھر کے رہے
سہتے ہی رہے ہم اُن کے ستم نہ اِدھر کے رہے نہ اُدھر کے رہے

چبھتے رہے دل میں خارِ اَلم نہ ادھر کے رہے نہ اُدھر کے رہے
سب بھول گئے وہ قول و قسم نہ اِدھر کے رہے نہ اُدھر کے رہے

قائم نہ رہا کچھ اُن کا بھرم نہ اِدھر کے رہے نہ اُدھر کے رہے
بھرتے تھے محبت کا جو دم نہ اِدھر کے رہے نہ اُدھر کے رہے

ہم جن کو سمجھتے تھے اپنا غیروں سے بھی نکلے وہ بدتر
یہ دیکھ کے ہو گئیں آنکھیں نَم نہ اِدھر کے رہے نہ اُدھر کے رہے

جو ہم پر اب تک گُذری ہے ہے اُس کا بیاں نا گُفتہ بہ
اب اس کو کریں ہم کیسے رقم نہ اِدھر کے رہے نہ اُدھر کے رہے

ہم عرضِ تمنا اے برقیؔ اُس سے نہ کریں تو کس سے کریں
ہو جاتا ہے سُن کر وہ برہم نہ اِدھر کے رہے نہ اُدھر کے رہے

***

بَروقت کوئی کام نہ آیا نہ میں نہ تو
قلب و جگر میں آ کے سمایا نہ میں نہ تو

ترکِ تعلقات میں دونوں شریک تھے
عقلِ سلیم کام میں لایا نہ میں نہ تو

چُپ چاپ دیکھتے رہے از روئے مصلحت
سچ بات کیا ہے سامنے لایا نہ میں نہ تو

اِک دوسرے سے کر دیا حالات نے جُدا
دونوں میں تھا نہ کوئی پَرایا نہ میں نہ تو

حائل تھی جو خلیج وہ بڑھتی چلی گئی
کوئی کسی کے دل کو نہ بھایا نہ میں نہ تو

جوشِ جنوں میں دشت نوردی نہ آئی کام
دیوانہ وار کوئی نہ آیا نہ میں نہ تو

دونوں ہی خود فریبی کا برقیؔ شکار تھے
کوئی بھی کچھ سمجھ نہیں پایا نہ میں نہ تو

***

آشوب روزگار سے دامن دریدہ ہوں
گلزارِ زندگی کا گُلِ نا رسیدہ ہوں

ناسازگار میرے لئے ہے فضائے دہر
بارِ گراں سے خم ہے جو، پشتِ خمیدہ ہوں

ناگفتنی ہے گردشِ دوراں کی شرحِ حال
سنتا نہیں جسے کوئی وہ نا شنیدہ ہوں

اِس طرح قطعِ رابطہ حائل ہے درمیاں
گُلشن میں جیسے میں کوئی شاخِ بریدہ ہوں

سرسبز تھا جو پہلے خزاں کا شکار ہے
شاخِ شجر کو دیکھ کے میں آبدیدہ ہوں

سوزِ دروں سے جس میں نہیں ہے کوئی رَمَق
بے آب و تاب ایسا وہ رنگِ پریدہ ہوں

پڑھتے ہیں ذوق و شوق سے برقیؔ جسے سبھی
عالم میں انتخاب اک ایسا جریدہ ہوں

***

کیا ہم پہ گزرتی ہے اُس سے ہم کہتے کہتے کہہ نہ سکے
سوچا تھا رہیں خاموش مگر چُپ رہتے رہتے رہ نہ سکے

ہم عرضِ تمنا کرتے رہے اُس پر نہ ہوا کوئی بھی اثر
تھا اتنا زیادہ صدمۂ غم ہم سہتے سہتے سہہ نہ سکے

آنکھوں سے بجائے آنسو کے اب بہتا ہے میرا خونِ جگر
باقی ہیں جو اشکوں کے قطرے وہ بہتے بہتے بہہ نہ سکے

ویران ہے میرا قصرِ دل اب کوئی نہیں رہتا ہے وہاں
بس باقی بچے ہیں چند کھنڈر جو ڈھتے ڈھتے ڈھہ نہ سکے

دُنیا یہ سرائے فانی ہے اک روز سبھی کو جانا ہے
جو آئے یہاں رہنے کے لئے وہ رہتے رہتے رہ نہ سکے

معلوم تھا پہلے سے ہم کو پتھر کا کلیجہ ہے اُس کا
کیا کہتے اپنا حالِ زبوں ہم کہتے کہتے کہہ نہ سکے

تھا خانۂ دل میں جو برقیؔ اک روز یہ کہہ کر چلا گیا
کیا رہتے اکیلے ایک جگہ ہم رہتے رہتے رہ نہ سکے

***

عشق کی فطرتِ سیماب سے ناواقف ہیں
"کچھ تو ہم رونے کے آداب سے ناواقف ہیں"

جب سے آیا ہے نظر جلوہ گہہِ ناز میں تو
تب سے آنکھیں یہ مری خواب سے ناواقف ہیں

سابقہ جن سے پڑا مصلحت اندیش تھے سب
جو ہوں بے لوث، اُن احباب سے ناواقف ہیں

دیکھنا ہے جو اسے میری نظر سے دیکھیں
آپ اُس حُسنِ جہاں تاب سے ناواقف ہیں

جو ہیں کم ظرف وہ رندانِ بلانوش ابھی
چشمِ ساقی کی مئے ناب سے ناواقف ہیں

بہرہ ور دولتِ عرفاں سے نہیں ہیں جو ابھی
علم کے گوہرِ نایاب سے ناواقف ہیں

جادۂ شوق میں برقیؔ جو ہیں سرگرمِ سفر
وہ کسی بسترِ کمخواب سے ناواقف ہیں

٭٭٭

مجھ سے ملنے کو وہ بیتاب نظر آتے ہیں
آگے پیچھے مرے احباب نظر آتے ہیں

دیکھ کر مجھ کو بدل لیتے تھے رستہ جو کبھی
اب وہ کرتے ہوئے آداب نظر آتے ہیں

سنگ ریزوں سے بھی کمتر جو سمجھتے تھے اُنھیں
مُجھ میں اب گوہرِ نایاب نظر آتے ہیں

دم بخود تھا میں اُسے دیکھ کے جب اس نے کہا
آپ تو مجھ کو جہاں تاب نظر آتے ہیں

میں نے سینچا ہے انہیں خونِ جگر سے اپنے
برگ و گُل آج جو شاداب نظر آتے ہیں

دیکھئے ہوتے ہیں شرمندۂ تعبیر یہ کب
"آج تو خواب فقط خواب نظر آتے ہیں"

وقت کے ساتھ بدل جاتا ہے برقیؔ سب کچھ
بے وفا ماہیِ بے آب نظر آتے ہیں

٭٭٭

غارت گرِ سکوں ہے یہ اُس دلربا کی نیند
ٹوٹے گی جانے کب مرے دردِ آشنا کی نیند

آنکھیں ہیں فرشِ راہ مری کب وہ آئے گا
کتنا مجھے جگائے گی اُس بے وفا کی نیند

اُس کا پیام دے کے وہ جو چاہے سو کرے
ٹوٹی نہیں ہے کیا ابھی بادِ صبا کی نیند

کیسا ہے خوابِ ناز کہ آنکھیں ہیں نیم باز
ہے دلنواز اس کی یہ ناز و ادا کی نیند

اوراق منتشر ہیں کتابِ جمال کے
صبر آزما ہے کتنی یہ اُس بے ردا کی نیند

جاگے تو جا کے اس سے کروں عرضِ مدعا
آنکھوں میں اس کی رہتی ہے برقیؔ بلا کی نیند

***

نشانِ روشنی کوئی دکان میں بھی نہ تھا
"چراغ سامنے والے مکان میں بھی نہ تھا"

تمام شہر تھا وحشت زدہ اندھیرے میں
کہاں ہے کون کسی کے یہ دھیان میں بھی نہ تھا

امیرِ شہر کے شر سے نہ بچ سکا کوئی

کرے گا ایسا وہ وہم و گمان میں بھی نہ تھا

کوئی بھی ٹوکتا بڑھ کر اُسے سرِ محفل
یہ حوصلہ کسی پیر و جوان میں بھی نہ تھا

جسے تھا ناز کبھی اپنے زورِ بازو پر
وہ طمطراق اب اُس کی زبان میں بھی نہ تھا

دکھا کے ایک جھلک ایسا وہ ہوا روپوش
نہ تھا زمیں پہ کہیں آسمان میں بھی نہ تھا

دیارِ شوق میں برقیؔ تھا ایسی منزل پر
سکونِ قلب زمان و مکان میں بھی نہ تھا

***

نگاہِ ناز کے جلوے دکھا دئے تو نے
"چراغ عقل و خرد کے بجھا دئے تو نے"

طلسمِ ہوش ربا ہیں جو اہلِ دل کے لئے
یہ کیسے غمزہ و ناز و ادا دئے تو نے

بنا کے محرمِ اسرارِ راہ سیر و سلوک
تمام فرقِ من و تو مٹا دئے تو نے

سرورِ بادۂ عرفاں سے اب ہوں میں سرشار

مئے نشاط کے ساغر پِلا دیے تو نے
مِٹا کے صفحۂ دل سے نقوشِ وہم و گُماں
چراغِ رشد و ہدایت جلا دیے تو نے

کِھلا کے پھول محبت کے گلشنِ دل میں
نگار خانۂ ہستی سجا دیے تو نے

حریمِ ناز میں برقیؔ کو دے کے اِذنِ ورو
حجابِ بے خودی سارے ہٹا دیے تو نے

***

کبھی نہ آیا وہ حسبِ وعدہ، مجھے ہمیشہ بُلا بُلا کے
سہوں کہاں تک میں تھک گیا ہوں، یہ ناز اُس کے اُٹھا اُ ٹھا کے

میں اس کی آمد کا منتظر تھا، نگاہ تھی فرشِ راہ میری
گزر گیا سامنے سے میرے، وہ مجھ سے نظریں بچا بچا کے

فریب میں آ گیا میں اُس کے، نہ تھا یہ وہم و گماں میں میرے
دکھائے گا سبز باغ پھر وہ، نئے نئے گل کھلا کھلا کے

لیا نہ پھر نام لوٹنے کا، گیا تو ایسا گیا یہاں سے
ہمیشہ رکھتا تھا اُس کی خاطر، میں خانۂ دل سجا سجا کے

ہمیشہ کانوں میں گونجتی ہیں، ابھی بھی سرگوشیاں وہ اُس کی

بنا دیا اُس نے مُجھ کو پاگل، سرودِ اُلفت سُنا سُنا کے

پڑا ہوں میں رہ گزر میں اُس کی، کبھی تو گزرے گا وہ یہاں سے
میں ڈھونڈتا ہوں اُسے ابھی تک، چراغِ دل کو جلا جلا کے

مجھے یہ اُمید تھی وہ آ کر، ہنسائے گا پھر دوبارہ مُجھ کو
پتہ نہیں تھا وہ آ کے جائے گا، مُجھ کو برقیؔ رُلا رُلا کے

***

اُس نے کہا یہ چلتے چلتے
گلے گی یہ دال گلتے گلتے

قلب و جگر میں بپا ہے محشر
وعدۂ فردا ٹلتے ٹلتے

ڈر لگتا ہے گُلبدنوں سے
آتشِ گُل سے جلتے جلتے

ٹوٹی کمندِ شوق اچانک
رہ گیا ہاتھ میں مَلتے مَلتے

بامِ عروج سے آ گیا نیچے
ڈھل گیا سورج ڈھلتے ڈھلتے

آ گئی زد میں فصلِ خزاں کے

روحِ سخن (غزلیں) 230 احمد علی برقی اعظمی

شاخِ تمنا پھلتے پھلتے
موجِ حوادث میں رہ رہ کر
پَل گیا برقیؔ بلتے بلتے

***

حال ہے دشتِ جنوں میں مرا جیسے فتراک
"مے چکاں لب، نظر آوارہ، گریباں صد چاک"

اشہبِ وقت نے یہ لا کے کہاں چھوڑ دیا
غمِ ایام سے ہے چشمِ غزالاں نمناک

مُرغِ دل دام میں آنا نہیں اُس کے ہرگز
ایسا لگتا ہے یہ ہیں اُس کے عزائم ناپاک

کب ہوا جشنِ بہاراں نہ تھی کچھ مجھ کو خبر
آ گئی فصلِ خزاں، جب ہوا مجھ کو ادراک

باغباں کون ہے کیا اُس کو نہیں کچھ معلوم
غُنچہ و گل کا یہ عالم ہے ہوں جیسے خاشاک

ہے کہاں پُرسشِ احوال کو کب آئے گا
کرتا ہے خونِ تمنا مرا برقیؔ بیباک

***

سب کچھ لٹا کے ہوش میں آنا پڑا مجھے

یوں اُس کا بارِ ناز اُٹھانا پڑا مجھے

تیر نگاہِ ناز سے اُس نے کیا شہید
اپنے لہو میں آپ نہانا پڑا مجھے

دن رات جو کہ میری ملاتا تھا ہاں میں ہاں
اپنا تعارف اُس سے کرانا پڑا مجھے

آیا نہ باز وعدہ خلافی سے وہ کبھی
عہدِ وفا ہمیشہ نبھانا پڑا مجھے

کرتا ہے آج مجھ پہ ملامت مرا ضمیر
وہ مانتا نہیں تھا منانا پڑا مجھے

نذرِ منیرؔ سیفی میں کرتا ہوں یہ غزل
رحلت پہ جن کی اشک بہانا پڑا مجھے

تھا تیرگی پسند وہ برقیؔ اسی لئے
شمعِ اُمید اپنی بُجھانا پڑا مجھے

***

رقاصۂ دوراں گھایل ہے
الجھی ہوئی اس کی پایل ہے

تا حدِ نظر ہے حشر بپا

ہر سو انبوہِ مسایل ہے

میں جس کو سمجھتا تھا اپنا
غیروں کی طرف وہ مایل ہے

دیدار کے طالب ہیں دونوں
دیوار درمیاں حایل ہے

میں لاکھ کہوں اس سے کچھ بھی
ہوتا ہی نہیں وہ قایل ہے

برقیؔ کی نواؤں میں اب تک
تاثیر تھی جو وہ زایل ہے ***

پھینک کر مجھ پہ وہ کہتا ہے یہ کالے پتھر
نہ ملیں گے تمہیں پھر ایسے نرالے پتھر

گُل فشانی سے دیا میں نے اُسے اِس کا جواب
جو ہے معصوم وہی مُجھ پہ اُچھالے پتھر

دُم دبا کر مری نظروں سے ہوا وہ غائب
میں نے بھی جیب سے جب اپنی نکالے پتھر

درو دیوار کو کر دے نہ کھنڈر میں تبدیل
اب زمانے سے نہ ڈر تو بھی سجا لے پتھر

سنگباری کا اگر شوق اسے ہے تو نہ ڈر
کس نے روکا ہے تجھے تو بھی اُٹھا لے پتھر

ہے ابھی وقت انہیں روک دے جمنے سے وہاں
ورنہ ٹالے سے ٹلیں گے نہیں ٹالے پتھر

اُس نے برقیؔ کو سمجھ رکھا ہے شاید بُزدل
اُس کا شیوہ نہیں خاموشی سے کھا لے پتھر

***

"اگرچہ سمت نئی ہے مری مگر پھر بھی"
ہے میرا جاری و ساری یونہی سفر پھر بھی

اُمید و بیم کی اک کشمکش سے ہوں دوچار
ہے فرشِ راہ مری آج چشمِ تر پھر بھی

ہے آبیاری میں شامل مرا بھی خونِ جگر
ملا نہ نخلِ تمنا سے کچھ ثمر پھر بھی

میں اُس کی یاد سے رہتا نہیں کبھی غافل
وہ میرے حال سے رہتا ہے بے خبر پھر بھی

کھڑا ہے پیکِ اجل روح قبض کرنے کو
علاج کے لئے کوشاں ہے چارہ گر پھر بھی

کرے گا پُرسشِ احوال میری وہ آ کر
نہیں ہے میری نواؤں میں کچھ اثر پھر بھی

اگرچہ کرتا ہوں برقیؔ میں خامہ فرسائی
ہیں میرے فن کے طلبگار دیدہ ور پھر بھی

***

محفلِ ماہ وشاں میں نے سجا لی پھر سے
اپنے سر آفتِ جاں میں نے بُلا لی پھر سے

کر لے تو مشقِ ستم میں تو ہوں عادی اس کا
تو نے دیوار گرائی تھی بنا لی پھر سے

مُنحصر تجھ پہ ہے تو مجھ سے ملے یا نہ ملے
آیا ہوں در پہ ترے بن کے سوالی پھر سے

بڑی مشکل سے بھرا تھا اسے رہنے دو یونہی
نہ کرو دامنِ اُمید کو خالی پھر سے

اپنی عادت سے کبھی باز نہیں آؤ گے
دشمنی تم نے یہ کیوں مجھ سے نکالی پھر سے

میرا سرمایہ تھی یہ نقدِ محبت میری
تو نے دُزدیدہ نگاہی سے چُرا لی پھر سے

ہوا ناکام وہ کِردار کُشی میں اس کی
عظمتِ رفتہ یہ برقیؔ نے بچا لی پھر سے

***

آواز کا اُس کی زیر و بَم کچھ یاد رہا کچھ بھول گئے
کتنا دلکش تھا میرا صنم کچھ یاد رہا کچھ بھول گئے

کس درجہ حسیں تھا وہ لمحہ جو قصۂ پارینہ ہے اب
جب اُس کی نظر میں تھے بس ہم کچھ یاد رہا کچھ بھول گئے

گو ایسے لمحے کم آئے لیکن ہیں وہ میرا سرمایہ
کب کب وہ ہوا مائل بہ کرم کچھ یاد رہا کچھ بھول گئے

وہ روٹھنے اور منانے کا احساس ابھی تک باقی ہے
کیا کیا تھے اُس کے قول و قسم کچھ یاد رہا کچھ بھول گئے

وہ خواب دکھاتا تھا مجھ کو میں اس پہ بھروسہ کرتا تھا
قایم نہ رہا وعدوں کا بھرم کچھ یاد رہا کچھ بھول گئے

آئے ہو ابھی جاتے ہو کہاں اُس کا یہ کہنا ابھی آیا
کر دینا مری پھر ناک میں دم کچھ یاد رہا کچھ بھول گئے

یہ بھولی بِسری یادیں ہیں سرمایۂ زیست مرا برقیؔ
کس طرح کروں میں اس کو رقم کچھ یاد رہا کچھ بھول گئے

***

نہ تو ہے سراغِ منزل ہے طویل رہگذر بھی
ہوں عجیب کشمکش میں نہیں کوئی ہمسفر بھی

نہ وہ آیا حسبِ وعدہ نہ تو بھیجی کچھ خبر بھی
مرے طائرِ نظر کے ہیں شکستہ بال و پَر بھی

نہ ملا کہیں وہ مُجھ کو میں گیا جِدھر جِدھر بھی
نہیں دسترس میں میری کہیں آج نامہ بر بھی

ہے عجیب سنگدل وہ میں کروں تو کیا کروں اب
مری آہِ آتشیں کا نہ ہوا کوئی اثر بھی

سرِ راہ آتے جاتے ہوا سامنا جو اُس سے
کبھی مڑ کے بھی نہ دیکھا مجھے اُس نے اک نظر بھی

ہے سکونِ قلب عُنقا نہیں غمگسار کوئی
مرے نخلِ آرزو کا نہ ملا کوئی ثمر بھی

جو گزر رہی ہے مُجھ پر میں ہی جانتا ہوں برقیؔ
ہے دل و جگر میں سوزش نہیں کوئی چارہ گر بھی

***

www.ingramcontent.com/pod-product-compliance
Lightning Source LLC
LaVergne TN
LVHW010202070526
838199LV00062B/4463
9789358724622